影后胡蝶

民国家喻户晓的
电影皇后，
上海滩的一代名媛。

她是第一位走出国门走向世界
的中国女演员。
她深得梅兰芳、张恨水的赏识，
她和阮玲玉有着淡如水
的君子之交，
她用一生践行了她对电影的诺言。

几处春风借与飞

中跃 著

中国书籍出版社
China Book Press

图书在版编目（CIP）数据

几处春风借与飞：影后胡蝶 / 中跃著 . —北京：
中国书籍出版社，2013.12（民国女人）
ISBN 978-7-5068-4020-0

Ⅰ . ①几… Ⅱ . ①中… Ⅲ . ①胡蝶（1907 ~ 1989）—生平事迹 Ⅳ . ① K825.78

中国版本图书馆 CIP 数据核字（2013）第 312857 号

几处春风借与飞——影后胡蝶

中　跃　著

策划编辑　武　斌　陈　武
责任编辑　邓潇潇
责任印制　孙马飞　马　芝
出版发行　中国书籍出版社
地　　址　北京市丰台区三路居路 97 号（邮编：100073）
电　　话　(010) 52257143（总编室）(010) 52257153（发行部）
电子邮箱　chinabp@vip.sina.com
经　　销　全国新华书店
印　　刷　北京中华儿女印刷厂
开　　本　710 毫米 ×1000 毫米 1/16
字　　数　220 千字
印　　张　15.5
版　　次　2014 年 3 月第 1 版　　2019 年 4 月第 2 次印刷
书　　号　ISBN 978-7-5068-4020-0
定　　价　48.00 元

引子：游戏现实的人生

蝴蝶飞，飞呀飞，阳光下在流泪，
你心痛，你心碎，蝴蝶那她为了谁，
爱在飞，恨在飞，告诉我其中美……
人生虽苦短，无怨也无悔，
借一双翅膀让我和你一起飞，
是梦是醒还是你的美……

胡蝶（1908—1989），原名胡瑞华，乳名宝娟，出生于上海的广东籍人。

她是二十世纪三十年代红极一时的电影明星，被誉为“民国第一美女”，也是我国第一位正式“民选”的电影皇后。

她的人生道路上充满了曲折和辉煌的传奇故事。

在生活情感方面，她经历了童年与少年的动荡奔波，少女时代的她遭遇到被舆论闹得沸沸扬扬的初恋风波，又意外承受了东北失陷之夜与张学良共舞的“江山美人罪案”造成的巨大社会压力；她与黑帮老大杜月笙斗智斗勇结果成了好朋友；之后在抗战期间她被戴笠“霸占”了近三年，更是她“难以启齿的人生憾事”……

在艺术造诣方面，她主演的《姐妹花》达到了她表演艺术的高峰。这部影片曾在国内打破国产影片有史以来上座率的最高纪录。胡蝶一生主演电影超过百部，她饰演过娘姨、慈母、女教师、女演员、娼妓、舞女、阔小姐、劳动妇女、工厂女工等多种角色。她的气质富丽华贵、雅致脱俗，表演上温良敦厚、娇美风雅，好几次被观众评选为“电影皇后”。

胡蝶横跨默片和有声片两个时代，成为上世纪三十年代我国最优秀的电影演员之一。

1960 在日本举行的第七届亚洲电影节上，她主演的《后门》获得最佳影片金禾奖，胡蝶同时获得最佳女主角奖。52 岁的胡蝶一举跃登“亚洲影后”的宝座。

1989 年，81 周岁的胡蝶在加拿大温哥华安然长逝。她留下的最后一句话是：“蝴蝶要飞走了。”

胡蝶性情温顺，勤奋好学，工作认真，态度谦虚，所以人缘极好，深得电影界前辈的器重与栽培。

胡蝶回忆说：“一个人成功有主观因素，也有客观因素。如我学语言较快，比较听从导演指挥，同时注意到与同仁们的合作，拜众人为师，因此大家也都乐意帮助我，自是得益不少。有人说我之所以成为红星是因为我长得美，其实天赋条件是一个方面，能不能发挥自己的长处是更重要的一个方面。”

有人经常拿胡蝶与她同时代的天才影星阮玲玉相比——

试想，在贾府里，宝钗与黛玉谁更受欢迎？

宝钗在贾府左右逢源，如鱼得水，上上下下都称赞她待人好、行事稳重，贾母夸她：“提起姊妹，从我们家四个女孩儿算起，全不如宝丫头。”

因为宝钗温和圆通，做得来“世事洞明皆学问，人情练达即文章”。

而黛玉沉醉在自我世界里，与诗书为伴又情绪化，全然不答理人情世故，在人看来就显得爱使小性子、尖酸刻薄。

于是，宝钗的人缘好；而黛玉，爱她的爱极，远她的惟恐躲不及，她这种人物始终进不了主流世界，要么低调了去，要么边缘了去。

阮玲玉与胡蝶的性格恰如黛玉与宝钗。

阮玲玉以性情行事，胡蝶以人情行事；一个自我任性，一个稳重练达；一个有才，一个有德；一个演戏比做人好，一个做人比演戏好。

那么，人际关系好的就是得胜者。

与胡蝶打过交道的著名作家张恨水也曾经借红楼评价过胡蝶：

为人落落大方，一洗女儿之态，性格深沉，机警爽利……十之五六若宝钗，十之二三若袭人，十之一二若晴雯。

其实，我想说，阮玲玉与胡蝶，她们是两种不同类型的女人，有着不同的性格和命运。也有相同的——都是传奇的人生。

胡蝶和阮玲玉，既是朋友又是对手。胡蝶一次又一次地从官司或绯闻的阴影中坚强地走出来，阮玲玉却干脆决绝地以“25 岁美丽生命的结束”弃世而去，她与胡蝶形成了鲜明的对比，也永远退出了与胡蝶的竞争。

自杀，让阮玲玉的人生更具传奇色彩，而胡蝶则选择了让自己的一生在隐忍中度过。她不仅经历了感情和婚姻方面的悲哀和痛苦，更经历了那场可怕的日本侵华战争，承受着战争带给她心灵和身体的无尽创伤。她不仅在与恋人林雪怀长达一年、八次开庭审理的官司中被折磨得心力交瘁，还要承受她的精神父亲郑正秋英年早逝带给她的巨大悲哀。最让胡蝶感到羞辱和痛苦的是，抗战期间她屈从了戴笠的淫威，成为他的同居情人……战争结束后，胡蝶已青春不再，这对一个女演员来说是致命的。战争毁了电影，也毁了胡蝶。

如果说阮玲玉的人生是艺术的、激情的，那么胡蝶的人生则是现实的、有人性深度的。

胡蝶也曾面临过与阮玲玉相似的困境，阮玲玉倒下了，但胡蝶却坚强地挺过去了！

胡蝶和阮玲玉的性格与命运形成了鲜明对照。

胡蝶，极尽灿烂又极尽苦痛。她有着比阮玲玉更现实、更完整的人生，甚至可以说，她的人生才是波澜起伏、惊心动魄的。

有人说，胡蝶是一个命硬的女人；而我要说，胡蝶其实是个“性软”的女人。

胡蝶性格柔韧，温柔如水。看起来水总是往低处流，但是别忘了，只有水才能够最终奔向大海，汇入那永恒的蔚蓝！

如果用有趣的“性格色彩”理论来分析，我们会很容易发现胡蝶的性格属于“绿加黄”的类型：即“绿色的外表”，“黄色的内心”——

“绿色的外表”让她显得稳定低调，与世无争，处事不惊，天性宽容，耐心柔和，先人后己，甚至有点“胆小怕事”。

而“黄色的内心”让她有明确的人生目标导向，且对理想有永无止境的追求；让她有强烈的求胜欲望，坚定自信，抗压能力、抗击打能力强；让她逢事奉行实用主义，且能快速决断……

“性格色彩”理论告诉我们：只有“绿加黄”性格类型的人，才能取得人生最大而持久的成功。

天空的云是怎么飘，地上的花是怎么开，我从来不明白。

春天的风是怎么吹，冬天的雪是怎么落，我从来不明白……

那么，我们不妨以此为主线，来赏析、玩味“中国式影后”的处世之道，看胡蝶为什么会飞、又是怎样越飞越高的？

目录

上卷 乱世胡蝶舞迷离

下卷 影后笑傲百花园

目录

上卷
乱世胡蝶舞迷离

有五个男人影响了胡蝶的一生：

林雪怀给了她初恋的激情与找老公的经验；

张学良给了她理想人生的高度；

杜月笙给了她富贵险中求的处世之道；

潘有声给了她实用主义的为人方式；

戴笠给了她高处不胜寒的极品体验。

胡蝶与林雪怀

交友不慎，又仓促定婚，情窦初开的少女常犯的错误胡蝶也会犯，体现了她“绿色性格”中天性宽容、低调自谦、先人后己的一面。

发现未婚夫堕落且不听劝阻而毅然斩断情思，体现了胡蝶“黄色性格”中快速决断、求胜心强、抗压力强、实用主义的一面。

一见钟情

胡蝶第一次见到林雪怀，是在上海大中华影片公司的摄影场。

当时她应邀在一部名字叫《战功》的电影里扮演一个卖水果的女孩。这是胡蝶第一次“触电”，也是她第一次光临摄影场。

这是 1925 年的春天，年仅 17 岁的少女胡蝶毫无经验地经历了好多的“第一次”——包括她的初恋。

这时的她没有想到，在她人生的历程上，在她情感的世界里——林雪怀——这个在电影界没有多大发展前途的男人会走进她的生活。她更加想不到的是，这个林雪怀后来会让她陷入一场痛苦的情感纠葛之中。

由张织云主演的民国电影《战功》剧照

这天一大早，对未来充满好奇、情绪亢奋的胡蝶提前来到了大中华影片公司的摄影场。

第一次来到拍电影的地方，她禁不住好奇地在整个摄影场院转了一圈。

她看见在摄影场院里有的地方搭了好几处实景，有的地方的场景则是画在画布上的。

胡蝶在摄影场的一面墙上看到了上面贴着的电影剧本。因为当时的电影还处于默片时代，演员们不用背什么台词，所以剧本也就很简单（不像现在的电影剧本那样因为有台词，所以写得十分详细）。当时，在开机前，导演把要出场的演员叫到一起，向他们交待这场戏的主要情节，每个人该如何表演自己的角色；演员如果有不明白的地方，导演再做一些示范就可以让演员进场开机了。

说起来，那个时候的电影就像现在的哑剧一样，演员们可以根据剧情临场发挥，随口说些什么就可以，只要嘴唇在动、表示在开口说话就行。至于讲话的内容则会用字幕打在银幕上。

胡蝶的老师陈寿荫来了，他把胡蝶带进摄影场，对正在指挥布景的徐导演打招呼说："徐先生，这是那位卖水果的女孩。"说完，他用手指了指跟在他后面的胡蝶。

这天，胡蝶上身穿了件纯白色的裙袄，下身穿了件藏青色的裙子，整个人显得清新而又文静，初显一个大家闺秀的风范，庄重淡雅中透出几分婀娜多姿。

徐导演把胡蝶打量了一阵，满意地点了点头道："陈先生找来的人才真是与众不同，先让她去化化妆，等一会张小姐来了再试镜头吧。”

在化妆室里，胡蝶的一张脸被化妆师涂沫得“面目全非”——胡蝶在镜子里看到一个陌生的面孔，她感到自己好像戴了面具一样的不舒服。她看见自己的脸上涂上了厚厚的一层白粉底，那张脸苍白得像一张纸一样，仿佛不是自己的脸似的。

胡蝶正在心里纳闷为何要把脸涂得像抹墙泥时，只见化妆师又递给她一瓶白粉底膏：“小姐，你用这些膏子把自己全身上下所有可能露出来的地方都涂一遍，记住可要涂得均匀一点，避免弄得花一块白一块的。”

胡蝶不解地问道：“怎么这些地方也都要抹么？”

化妆师笑了笑说：“小姐，你是第一次来拍电影吧？也难怪你不知道了，要是不把你的身上抹得白一些，等到电影放出来时，像你这么好看的姑娘也要变成非洲黑人了。”

听化妆师这么一说，胡蝶才明白了是怎么一回事。原来，那个时候的电影胶片感光度很低，拍出来的东西大都很黑，所以演员的脸要涂得白一些，这样拍出来的效果才好看一些。

化完妆，胡蝶走出化妆室，她觉得十分别扭，看见人都躲躲闪闪的。后来见根本没有人注意到她，这才想起在摄影场里人们是早已见惯这种化妆的。

女主角张织云迟迟没有来，导演徐欣夫不停地在那里发脾气：“真是世风日下，开始没出名时，整天缠着我们要上戏；现在出名了，架子也一下大了起来，弄得我们像侍候老爷似的……”

正说着，一辆小汽车开进了摄影场，只见衣着华丽的张织云从车上仪态万方地走了下来。她的后面还跟着两个人，一个是导演兼摄影师卜万苍，一个是演员林雪怀。

林雪怀面容清秀，他的目光中透着几分沉静的气质，这使得他更像个女孩子。

说实在的，当时胡蝶几乎没有注意这个“花样美男”，而是盯着她心目中的

张织云（1904 — 197？），演员，原名张阿善（阿喜），广东番禺人。

卜万苍（1903 — 1974），安徽人，扬州第五师范学校毕业。

偶像——电影皇后张织云。

这就是那个人称“悲剧圣手”的张织云？胡蝶跟在陈寿荫的后面，目不转睛地打量着张织云，好像她身上有什么奇特之处。

胡蝶看到站在张织云后面的林雪怀时，觉得像是在哪里见过。很快，她记起来了，她是在一部电影里见过林雪怀，但那是什么电影，却想不起来了。

话说张织云从车上走了下来，她见一干人都在等他，便对徐导演道："徐先生，不好意思，今天有个约会，让你们久等了。”一边说着，一边在椅子上化起妆来。

这个张织云开始在演艺界只不过是跑龙套的小角色，她是由徐欣夫导演发现并捧红的。人一有了名气，这身份地位都跟着水涨船高，徐欣夫当然明白这中间的道理。他强压住心里的不快，装出什么也没发生似的说："张小姐现在是大忙人，你能来赶场算是给了我足够的面子，你看这场地布置得还可以吧。”

胡蝶正在出神地打量她的偶像张织云时，忽然被陈寿荫拉到张织云的面前："张小姐，这是跟你演配戏的卖水果的女孩。"

张织云只用眼角瞟了胡蝶一眼，头也不回地说："不错，不错。"

陈寿荫看不下去了，不管怎么说，胡蝶是他推荐的人，他接着话音对张织云说："张小姐，这位女孩可是我们中华电影学校里数一数二的才女，可不要小看了她。"

张织云停下手中的活计，回过头来仔细地端详了胡蝶一眼，不知为什么，她在胡蝶的身上感到了一股无形的压力。她以演员的敏锐目光觉得眼前的这位小女孩以后会成为她的竞争对手。

"哟，原来是陈老先生的高足，又是科班出身，这样的人以后在电影界可是前途不可限量啊。"张织云夸张地叫了起来。

张织云带刺的话让胡蝶发起窘来，她一时站在张织云的面前不知怎么开口才好。也难怪，毕竟她还只是一个十七岁的女孩子，而张织云已是一名当红的电影明星了。

胡蝶看着张织云，觉得她的架子端得确实有些离谱，明星又怎么啦？明星就应该高人一等么？在胡蝶的眼里，她认为电影明星与平常人本来就没有什么两样，她想起父亲对她说的那句话：在人格上，贩夫走卒与达官显贵是平等的。张织云的那种故意露出来的做作让她感到有些反感。

尽管这样，出于对心中偶像的礼貌，胡蝶还是很恭敬地对张织云说："张小姐你好，很高兴能够在这里见到你，我很喜欢看你主演的电影，你是我崇拜的偶像。"

张织云没有说什么，忽然她指了指身边的林雪怀，答非所问地对胡蝶说："小妹妹，你认识他吗？他可演过不少戏哟。"

林雪怀听到张织云这么一说，大胆地把目光投向了胡蝶。

刚才他从车上下来时就已经发现了胡蝶，虽然她脸上像涂了一层"泥"，但依然掩不住一位气质高雅的青春女孩的魅力。胡蝶的突然出现让同样青春年少的林雪怀的内心涌出一种难以言状的冲动，他觉得胡蝶就是他要找的那种女孩。

林雪怀很早就步入了演艺界，他不仅会演电影，而且还擅长摄影。1924 年上海百合电影公司成立时所拍的第一部电影《茶花女》就是由林雪怀担任的男主角。拍完《茶花女》后，林雪怀又加入了由明星公司郑正秋主导的《最后的良心》的拍摄。虽然拍了几部电影，但他因演技平平故而没有引起什么大的反响，远不如张织云那样红透上海滩。

胡蝶再次打量起林雪怀："我想起来了，你是出演《茶花女》里的那位林先生！"

作为一位没有什么影响的电影演员，林雪怀在这里听到胡蝶的这句话不禁让他心里一热——毕竟还是有观众认识他、记得他！

他不由得又向胡蝶打量了一眼。虽然胡蝶的脸上涂着一层厚厚的泥膏，但她那双闪烁着的大眼睛和她脸上那对小梨窝却使林雪怀的心里不禁一荡。在一刹那间，林雪怀几乎看呆了。

林雪怀的失态倒令胡蝶有些不好意思起来，她的目光与对方匆匆地接触了一下后，便投向了别处。

这时张织云的妆也化得差不多了，她对徐导演说："徐先生，可以开始了吧。"

徐导演见大家都准备好了，便举起话筒，大声地喊了起来："好，大家注意了——开机啦！"

胡蝶见卜万苍摇起了摄影机，于是提着篮子向张织云走去。

胡蝶毕竟是第一次真正地演戏，加上周围有那么多人在看着她，她的步子不像平时走路那样轻松自然。这时她听到徐导演对她喊："胡小姐把篮子放在张小姐的身边，然后再安慰张小姐。"

胡蝶按照导演的提示在张织云的跟前坐了下来，这时她整个人已经进入状态了，只见她将双手搭在张织云的肩膀上，对张织云说："张小姐，你不要太伤心了，你丈夫很快就会回来的，你这样哭坏了身子可不是办法呀。”说完这些，胡蝶从怀里掏出一条手绢很温柔很小心地替张织云擦干了眼泪，接着她又从篮子里拿出一块朱古力递给张织云。

张织云接着朱古力，对着胡蝶笑道：“小妹妹，你可真是善解人意呀。”

“OK！”徐导演高兴得大喊了一声，他跑过来对胡蝶说，“胡小姐，谢谢你的合作，在我们这里，第一次上镜就不用返工的你可是头一个。”

“谢谢导演对我的信任。”胡蝶的脸顿时热了起来。

“喝杯水吧，”不知什么时候，林雪怀走了来，搭讪道：“小姐怎么称呼？”

“我叫胡蝶，古月胡，蝶恋花的蝶。”

“这个名字起得真好，浪漫中带有几分诗意，还有种田园的清新。对于我们演员来说，有一个让人过目不忘的名字也是一种无形的优势，胡小姐今天初试锋芒，却是小荷已露尖尖角了。”林雪怀说的是恭维话，也并不完全是恭维话，他从刚才胡蝶的表演中已看出这个“小师妹”有着巨大的发展潜力。

“谢谢林先生的夸奖。”胡蝶低着头说。

一种女孩子的直觉让她感到林雪怀的目光里有一种异样的感觉，他的目光里热情中又带着某种试探，仿佛像一只无形的手，在拨动着她的心弦。

胡蝶还是一个刚刚踏入社会的天真烂漫的女孩子，第一次面对林雪怀那欲说还休的目光，她的一颗心不免像小鹿般地跳了起来。

这一天，胡蝶又试了其他几个场面的镜头，她感到有一双关切、探寻和热情的目光在一直跟随着她——她知道那是林雪怀的目光。

也许是受到了一种勉励，胡蝶的这几个镜头也都是一气呵成地完成了。

情窦初开

《战功》是胡蝶的处女作，这部影片在公映后受到了观众的欢迎，胡蝶因为在这部电影中所占的戏分有限，所以并没有引起人们的注意。但这毕竟是她进军电影业的第一步。

通过《战功》，胡蝶认识了林雪怀，开始了她情感经历中的第一次恋爱。

这一年胡蝶只有十七岁。十七岁正是少女的花季时代，天真无邪，对世界充满着粉红色的幻想，而第一个留有好感的异性总会在时间的空隙里挤进她们的脑海。

林雪怀就是这样走进胡蝶的内心世界的。

自从在摄影场里见到林雪怀后，胡蝶就无法摆脱林雪怀的身影了，她时常没有缘由地想起林雪怀那有着几分女性化的微笑。他的笑容意味深长，似乎有种向她倾诉的欲望。十七岁的少女对这样的目光是敏感的，胡蝶自然读得懂林雪怀的目光里的深意。

从那以后，胡蝶自己也感到奇怪，每当她看到林雪怀时，她总会有些莫名的紧张——哎呀，我这是为什么？

为什么我一见到他就会莫名其妙地心跳加速呢？

难道说我已不知不觉喜欢上了他么？

不然，为什么我会为他而紧张呢，爱一个人原来就是这样？

这就是我的初恋？这就是初恋中的不安、羞涩、等待和企盼么……

在这个多愁善感的雨季，胡蝶的心事也像天气一样变得纷乱起来。

她和林雪怀接触的时间并不是很长，但他就那样固执地挤进了她的心房。

也许，他和自己心目中期盼的白马王子几乎没有什么区别吧？

胡蝶想起在中华电影学校学习时，有一次她和闺蜜徐筠倩谈起各自心目中的白马王子的情景。

是的，林雪怀的温文尔雅、潇洒倜傥就是胡蝶朦朦胧胧中所期待的梦中情人。她不喜欢那种粗犷式的男人，她觉得那种男人的大男子主义一定很重，一定不懂得如何来心疼女人。

女人其实就是大海中一只漂泊的小船，男人则是避风的港湾。作为男人，胡蝶认为既应该有男性的坚毅和洒脱，同时也应有女性的温柔——而这些，林雪怀都做到了。

是不是自己有点自作多情了呢？——看把你美的，也不知道害臊，别人也没有向你表白什么，你知道他真的喜欢上了你么？你知道他是唯一地喜欢上了你么？或许，他是把你当做小妹妹来照顾呢。

胡蝶的脸上忽然发起热来，她不觉想起前不久林雪怀来到她家看望她的情景，那一次，如果他要是向自己表白的话，自己会拒绝他吗……胡蝶就这样一个人在屋里胡思乱想、喃喃自语。

那一次，也是一个阴雨绵绵的天气。拍完《战功》后，胡蝶暂时闲在家里无事，正翻着电影学校里的课本书。忽然她听到外面响起了笃笃的敲门声，她打开门一看，原来是林雪怀站在门口。

胡蝶的脸倏地红了，一时竟忘记了自己主人的身份了。

“怎么，不欢迎么？”林雪怀依然温柔地望着胡蝶问道。

胡蝶这才回过神来，慌忙地把林雪怀请进了屋里。也许是因为激动，也许是有些紧张，手忙脚乱中，茶水竟被她洒了一地。

那一天，父母都不在家，屋里就只有他们二人，林雪怀在胡蝶的面前显得有些腼腆，他在啜了几口茶后才对胡蝶说：

“我刚才路过这里，想到你可能在家，所以就顺便过来看看你。你这几天没有拍戏吗？”

“像我们这些人，哪里能和你们比，这不，我又在家里闲了差不多有一个多月了。”胡蝶有些幽怨地说道。

“初出道大都是这样的，”林雪怀安慰胡蝶说，忽然他像想起了什么似的拍了一下脑门，“噢，有一部《秋扇怨》的片子可能要让我演男主角，如果有机会的话我一定向导演推荐你。”

“谢谢你了，雪怀哥。”

刚说完这句，胡蝶就为自己的声音吓了一跳，她的脸颊上顿时飞起了两朵红云。

这是她第一次这样称呼林雪怀，她拿眼偷偷地去瞧对方时，发现林雪怀的目光也在很小心地向她这边射来，两人的目光碰到一起时，又像一对受惊的小兔迅速地分开了。

好长一段时间，两人在屋子里竟然不知说些什么才好。直到母亲回到家里，林雪怀和母亲客气地聊了几句后，就借故离开了。

胡蝶把林雪怀送到门口。就在林雪怀要离开时，他突然把胡蝶抱在怀里，并很快地在胡蝶的额头上啄了一下，接着就飞快地消失在雨中。

他吻了我了，胡蝶用手抚摸着被林雪怀吻过的地方，那上面还有他的体温。望着林雪怀远去的背影，胡蝶感到有一种从未体验过的幸福。

已经有很长一段时间没有见到林雪怀了，胡蝶感到生活中缺少点什么似的。这样的雨季应该是谈情说爱的好天气呀，在雨中，可以和自己深爱的人一起擎着油纸伞，徜徉在郊外，去感受这春雨的滋润，那该是多么的浪漫啊！那一次，如果自己大胆一点，现在说不定已经和他一起在共诉雨中情了……胡蝶痴痴地想着。她竟然没有发觉，自己的眼泪已不争气地流了下来。

——他现在在干什么？他所说的那部片子开拍了吗？

这样想着，胡蝶又在心里嘲笑起自己来：胡蝶，你可不能儿女情长啊，你的目标是当一名电影明星，至于爱情，命中该有一定会有，该来的时候它一定会来临的。

天赐良机

——“宝娟，有位姓徐的小姐来找你。”母亲推开房门喊着胡蝶的乳名。

胡蝶一时在遐想中还没回过神来，茫然地反问母亲：“哪个徐小姐？”

——“你说哪一个徐小姐呀，”只见徐筠倩如蝶一样翩然而至，“我的胡大小姐，上了电影果然不一样，连我这个老同学都不认识了。”

今天的徐筠倩打扮得像个贵族小姐似的，胡蝶见了赶紧取笑道：“瞧你这身打扮，我还敢认么，毕业这么长时间了连你的鬼影子都碰不到，听别人说你加盟到一家‘友联’的电影公司，拍了什么大片呵？”

“我哪有你这么好的运气，照片都上了杂志的封面了。”徐筠倩喝了一口水、叫着胡蝶的学名：“瑞华，我可是无事不登三宝殿，说正经的，这段时间接了片子没有？”

“哪有啊，我都在家里快闷死了，”胡蝶愁眉苦脸地说，“过几天我还想到外面去跑跑呢。”

“不用跑了，我来找你就是想让你到我们公司去的，我们正要拍一部叫《秋扇怨》的电影，目前还差一个女主角。”

“真的吗？筠倩！”胡蝶喜出望外地叫了起来，“你在公司里做什么呀，是不是你爸爸为你投了资、你也成了老板了，这么大的神通，连女主角都可以让你定？”

“不要喜得太早了，明天还要面试呢。”徐筠倩说，“我哪里是在做老板，不过是这部片子需要两个女主角，一个是我，另一个我就向导演推荐了你，谁让你是电影学校的高材生，又是我的好姐妹。”

“筠倩，我真是爱死你了。”胡蝶一对粉拳在徐筠倩的肩膀上擂了起来。

看到有人和自己一起分享快乐，徐筠倩心里也有了几分得意：“哎，瑞华，你是不是认识一个叫林雪怀的男子？”徐筠倩忽然问道。

“是呀，你怎么知道？”胡蝶以为被徐筠倩看穿了心思，连忙低下头来。

“他就是《秋扇怨》里的男主角，”徐筠倩满脸神秘地说，“他在导演的面前说了你不少好话，他也一个劲地叫导演把你要过来。真的，他说了你不少好话呢，我听了都有些肉麻哩，我看他八成是看上你了吧？”徐筠倩半真半假地打趣说。

“哪有哪有啊，”胡蝶弱弱地抗议道，“我们不过是在拍《战功》时在一起合作了几天，哪有你说的那种事。对了，你那边明天导演要试试镜头吧？”

“这个我想应该是没有问题的，我们两姐妹要再度联手了，我还有事，你明天早点来公司找我哦！”说完这些，徐筠倩就像朵彩云似的飘走了。

——这一次，我要和雪怀一起拍片了！送走徐筠倩后，胡蝶兴奋得差点跳了起来。她的眼前不觉再次浮现出林雪怀那张清秀的面孔，想起那个雨天他来到家里找她时的情景。

胡蝶知道林雪怀大都是演爱情戏的，如果和他一起拍戏，戏里戏外都是戏，我会把握住分寸吗……

《秋扇怨》是一部才子佳人式的悲剧，它原本是由友联公司的老板陈铿然自己编导的一部舞台剧，由于它在上演后受到了观众的欢迎，所以陈铿然起了把它改编成电影的念头。他向日本的千叶公司购买了摄影机和电影胶片，在上海八仙桥附近成立了友联电影公司。

《秋扇怨》是友联公司开拍的第一部影片，其时徐筠倩正与陈铿然处于热恋之中，女主角之一她肯定是首选了。徐筠倩是一个开朗活泼的女孩，加上林雪怀对胡蝶已萌生爱意，于是两人就向陈铿然联名推荐了胡蝶。

第二天，胡蝶来到友联公司面试，友联的几位编导见了胡蝶后都感到满意，于是当场决定，《秋扇怨》的女主角二由胡蝶来担任。

胡蝶见女主角的事情这么快就定了下来，心里有种说不出的高兴，正当她在摄影棚里顾盼生辉的时候，林雪怀已悄然地来到胡蝶的面前。

林雪怀当天穿了一套合身的西装，显得风度翩翩，他含情脉脉地对胡蝶说："恭喜你，胡蝶小姐。"

"林先生……"胡蝶看着林雪怀不知从何说起。

她发觉林雪怀比以前显得更加英俊了，胡蝶的心里忽然涌起一种冲动，她的眼泪差点掉了下来，她真想扑到林雪怀的肩膀上哭一阵，把她对他的思念、对他的牵挂统统地宣泄出来。可是眼前的场合让她克制住了内心的情愫。

那边，徐筠倩正在和陈铿然说着什么，她见胡蝶傻傻地站在那儿一动也不动，便奇怪地问道："瑞华，你在那儿发什么呆呀。"

听到叫声，胡蝶不觉一惊，连忙笑着说："没有什么，林先生正在和我说戏，我在想这段戏怎么演呢。"

"那你们准备好了没有？"和徐筠倩在一起的陈老板见胡蝶这么说，赶紧问林雪怀。

陈铿然看上去三十多岁的样子，一身短装使他看上去精明强干。

"我们先到摄影场里去吧。"林雪怀笑着对胡蝶说。

胡蝶跟着林雪怀来到摄影场，她仰起脸问林雪怀："林先生，等一下这场戏我们该怎么演？"

"这个情节是这样的，当你听说我要和徐小姐结婚后，慌慌忙忙地跑到我家里，向我诉说你对我的感情，向我表白你的爱情……"

胡蝶全身一震："真的是这样吗？"她几乎把林雪怀说戏的话当成他们之间的真事了。

"这难道有假不成，"林雪怀指了指徐筠倩，"不信你去问她。"

这时只听陈老板大声喊道："演员进场了，各就各位。"

林雪怀见摄影师摇起了摄影机，便走到一个画有客厅式样的布景前坐了下来。只见胡蝶气喘吁吁地跑到林雪怀跟前，她那双好看的眼睛直直地盯着林雪怀。因为跑动的剧烈，她好看的胸脯像有两只小兔在跳动一样。

“林先生说话！”导演在提醒林雪怀。

“你怎么跑到我家里来了？”林雪怀神情冷漠地说，“瑞华，以后我可以这样叫你吗？”

胡蝶全身不觉一颤，他也在叫我瑞华了！胡蝶在心里喊了起来。她又想起了那个雨天他来看她的那一幕，想起了他对她的拥抱和亲吻……胡蝶的身体哆嗦起来，她慢慢地跪在林雪怀的面前，抬眼定定地望着林雪怀，她的眼泪像两股清泉汩汩地流下来了。

“雪怀，你不能走，我的生命里不能没有你啊！”胡蝶在心里叫道。

“胡小姐说话！”场外的陈老板喊了起来。

胡蝶望着林雪怀，她一句话也说不出来了。是的，此时此景，她该向林雪怀说些什么呢？她希望什么也不用说了，她希望时间就此定格，就这样让她永远地和雪怀待在一起。

陈老板还以为胡蝶没有想好台词，便提醒胡蝶说：“胡小姐没有想好说什么不要紧，只要张嘴，随便说些什么都可以的。”

陈老板这么一说，胡蝶才想起这是在摄影场里拍电影。她定了定神，双手抱住林雪怀的膝盖，嘴里发着梦呓一般的语言：

“雪怀，你为什么要和别人结婚？你知道吗，自从第一眼见到你后，我就爱上了你，那时我就在心里发誓，这一生我一定要和你生活在一起。可是现在你却……没有你，我的生命还有什么意义……”

林雪怀浑身一震，他的眼眶里恰到好处地噙满了泪水，他定定地望着胡蝶，情不自禁地捧起了她那张俏脸，顿时一股电流流遍了胡蝶的全身；胡蝶呢，她痴迷地将脸贴在林雪怀的双膝上，那双眼神里，注满了一世的柔情，她把对林雪怀的感怀毫无保留地投入到剧情中去了。

“OK！克脱！”陈老板高兴地叫喊起来，他走过去和胡蝶、林雪怀握着手，“徐小姐的眼光真不错，胡小姐，谢谢你，你演得实在是太好了。”

徐筠倩也走过来对胡蝶说：“瑞华，我真羡慕你，你演得太好了，看着你们俩刚才的样子，真是一对珠联璧合的有情人啊。”

胡蝶一时恍惚起来，我是在拍电影么？她觉得她已经把生活融进了电影中。这时她才发觉自己已经离不开林雪怀了，刚才的剧情为她提供了向林雪怀表白心迹的机会。

常言道，眼睛是心灵的窗户，从林雪怀的表演中，从林雪怀的那双眼睛里，胡蝶以一个女孩子的直觉感到：他是同样深深地爱着她的。

《秋扇怨》是胡蝶主演的第一部电影。这部电影的女主角被胡蝶演得生动逼真，这里面有一半归功于她的表演天分，另一半则是因为她与林雪怀配戏特别地投入——她觉得那不是在演戏，而是真的在和林雪怀在摄影场里恋爱。

虽然那时他们之间的那层纸还没有捅破，但在拍戏的过程中，那些台词都是她和林雪怀现场发挥的，因为那些话就是他们要向对方倾诉的。《秋扇怨》为他们提供了一个绝妙的机会。因为拍戏时的投入，有时他们自己都不知道何时是戏里、何时是戏外了。

《秋扇怨》是一根红线，它把胡蝶和林雪怀紧紧地连在了一起；

《秋扇怨》是一朵绽放的玫瑰，它让胡蝶感受到了爱情的滋润和甜蜜；

《秋扇怨》也是一只五味瓶，它让胡蝶尝到了爱情的诸般滋味……

坠入爱河

当《秋扇怨》在影剧院公映的时候，胡蝶和林雪怀也成为一对形影不离的恋人了。

事业有了起步，爱情也不知不觉地来到她的生活中，胡蝶的世界里充满了鲜花和阳光。

是林雪怀的一封求爱信捕获了她这只尚不谙世事的百灵鸟。

那是在拍完《秋扇怨》的最后一场戏后，当天晚上友联公司的老板请胡蝶他们几个主角吃了一次饭。

临分手时，林雪怀递给胡蝶一封信："胡小姐，我有一些对你要说的话在这里面，如果你有兴趣的话，回到家后可以打开看一看。"

胡蝶有些迟疑地接过那封信，直觉告诉她那一定是一封不同寻常的信笺，回到家里她迫不及待地打开信看了起来——

瑞华：

允许我这样称呼你吗？今天，我要把对你的感觉说出来，因为如果不是这样的话我简直不知道怎样去度过那无数个的不眠之夜。

无数个的不眠之夜啊，你知道吗，因为你闯进了我的生活，因为你闯进了我的情感世界！说不出是什么原因，从我见到你的那一刻起，我就深深地爱上你了。

在我的眼中，你就像清晨阳光下的露珠，灿烂而又青春。也许你不知道，不知有多少个梦萦的夜晚，我看见你的倩影涉水而来，我看见你的倩影踏歌而来。这对我来说是从未有过的，从来没有一个女孩子让我如此动心过。这个时候我才知道，原来你已经深入到我的骨髓里去了。

瑞华，你听到我的心声了吗?

瑞华，你知道吗，这段时间我们在一起拍戏我的心里是多么的激动，因为那样能天天和你在一起，只要看见了你，我那颗躁动的心才能安定下来。也许，你会发觉，我们的合作是那样的完美，完美得几乎无懈可击。因为那并不是在演戏，那是我对你的真情流露——还记得我的眼泪吗，那是我为你流的，你是我前生、后世的爱人!

上苍既然安排我们相识，那么就让我们从相识走向相知，从相知走向相爱……答应我，瑞华，让我做你的爱人，让我用一生的爱来呵护你，让这千年一回的缘，引渡我们走向爱情的彼岸……

爱你的雪怀

林雪怀这封火辣辣的求爱信让胡蝶的呼吸顿时急促起来，她终于等到这一天了，雪怀向她求爱了，雪怀向她发出丘比特之箭了!

这正是她所期待的，因为在拍《秋扇怨》的过程中，她已发现自己离不开林雪怀了。

——“爱情来得是那样的迅速，来得是那样的锐不可挡，我可以和雪怀在演艺界比翼双飞了……”胡蝶时常这样痴痴地想。

胡蝶很快就坠入爱河，她和林雪怀开始出双入对了。

弱智之爱

对于胡蝶的这场爱情，她的父母在半信半疑中接纳了林雪怀。只是他们觉得这一切来得太快了，而且对这个林雪怀他们又缺乏深入的了解。

“你认为林雪怀这人怎么样？”平时无事时，胡蝶的父亲胡少贡时不时地这样问着妻子。

“我看蛮不错的，”胡母笑哈哈地说，“小伙子一表人材，宝娟跟着他应该不会吃什么亏。”

“只是人心难测啊，宝娟还小，我总觉得这件事似乎有些操之过急。”胡少贡对此显得有些忧心忡忡。

胡少贡见过林雪怀几面，不知为什么，他总觉得林雪怀有些华而不实，不像一个做实事的人。女儿这么快就爱上了他，这让胡少贡的心里隐隐地感到不安。

为了女儿不至于上当，他经常提醒胡蝶要冷静理智地处理这件事，可是步入中年的胡父却没有想到恋爱中的女孩子都是弱智得超级厉害——在胡蝶的眼里，林雪怀就是世上最完美的人，林雪怀就是她生命的全部，她发疯一般地爱着林雪怀，父亲的话她哪里会放在心里?

然而，到了后来，胡蝶怎么也没有想到，她却要为自己的幼稚来独自吞下这枚苦果。

在开始的那段日子里，林雪怀的心被胡蝶塞得满满的，就像他在给胡蝶的信中所说的一样，他被胡蝶的容貌、被她温柔的性格、被她的高贵气质所俘获。他们在一起时，他觉得胡蝶怎么看也看不够，他常常会一动不动地注视着胡蝶，好像只有那样看着她，她才不至于展翅飞走一样。

胡蝶自从在《秋扇怨》崭露头角后，她的名字开始被圈子里的人所熟悉，并且名气也越来越大；而林雪怀由于演技平平，在电影界里似乎渐渐地被人遗忘了。作为男人，林雪怀的心里自然有些不平衡，他常常有种莫名其妙的烦躁。有时候，他真想胡蝶像第一次拍戏时那样，天真活泼温柔可爱，像只无助的小鸟需要他这个男人的照顾和呵护。

那个男尊女卑的时代，面对在电影界如旭日东升的胡蝶，林雪怀时常有种角色错位的感觉。

爱情都是建立在物质基础上的，面对这样一个各方面都如此优秀的女人，自己又能拥有她多久？他常常这样问自己。

是的，现在他与胡蝶的差距越来越大了，胡蝶是一颗冉冉升起的新星，而自己呢？论长相，难以说得上是英俊小生；论演技，缺少天赋；论出身，自己一介平民毫无地位可言，算是一无是处啊！

这种强烈的反差使得林雪怀内心的自卑感与日俱增。

为了保持男子汉的尊严，他经常无缘无故地在胡蝶面前大发脾气。

这些复杂的心理，天真单纯的胡蝶是无法体察得出来的，她始终对爱情和事业充满着信心。

那时的胡蝶还不属于任何一家电影公司，所以没有戏拍时，她也只有在家里等待下次拍摄机会。

胡蝶不是友联公司的员工，拍完《秋扇怨》后，她与该公司的合作也宣告结束。但同时，胡蝶的人生也开始了一个新的起点。

作为一名演员，她无疑已走出了成功的第一步。主演《秋扇怨》的成功，为她步入天一公司打下了良好的基础。

好运连连

却说这一天，胡蝶正在家里闲坐，一边漫无目的地浏览着一本过期的杂志，一边在心里想：不能老是呆在家里等米下锅了，应该主动出击，应该到“明星”和“天一”这些公司去试试运气——只是这两家都是全上海数一数二的电影公司，要想挤进去恐怕不会那么容易吧？

正这样胡乱想着，妈妈走进房间对她说：“宝娟，外面有一位邵先生和高先生想见见你。”

胡蝶一时有些疑惑：“在我认识的朋友中没有姓邵和姓高的呀？”

“听他们讲，他们好像是什么天一公司的。”

“天一公司！”胡蝶大叫起来：“真是说曹操曹操就到，我的机会来了。”

原来，这天一公司由浙江宁波人邵醉翁创建。

邵醉翁于 1914 年毕业于神州大学法学系，曾在上海任过经济律师，其人颇有经商头脑，他在 1922 年转入金融界，创办了一家私人银行，同时兼营商业，并开始进军上海的娱乐业。他和张石川、郑正秋及张石川的弟弟张巨川一起合伙经营舞台，演过文明戏。后来张石川等人创办的明星公司推出《孤儿救祖记》获得成功后，邵醉翁便也萌生了开拓电影业的想法。

邵醉翁于 1925 年 5 月创办了天一电影公司，邵醉翁自任总经理兼导演。天一公司成立的当年，便拍摄了三部影片：《立地成佛》《女侠李飞飞》和《忠孝节义》。邵醉翁通过市场调查，把天一公司的作品定位在市民喜闻乐见的那种助弱锄强、忠孝节义的故事，宣扬封建的传统思想，以迎合小市民头脑中的陈旧意识，以赚取票房。

胡蝶主演的《秋扇怨》获得观众好评后，慧眼识才的邵醉翁发现胡蝶是个不可多得的人才，于是这天他便和公司的编剧高梨痕一起来到胡蝶的家里，意欲请她加盟天一公司。

邵醉翁是个比较爽快的人，他开门见山地对胡蝶说：

“胡小姐主演的《秋扇怨》我们看过了，很坦率地说，我们对胡小姐的形象和演技都比较欣赏，我个人觉得胡小姐在演艺界大有发展前途。”

“让先生取笑了，”胡蝶欠欠身，谦虚地说道。从邵醉翁的话中，她感到一定又有片拍了。

这时在一边的高梨痕说道：“我们今天到府上造访，目的是想请胡小姐加盟我们天一公司，不知道胡小姐有没有兴趣，肯不肯屈尊俯就？”

事实上，在中华电影学校接受过西式教育的胡蝶，对于天一公司拍片的宗旨并不完全赞同。她觉得艺术应该不断地创新，拍电影也是这样，一味地走那些传统、通俗的路子，则往往会走进死胡同里。但是对于天一公司的邀请，她又不好拒绝，因为不管怎样，这对她来说是个不错的机遇。她当时的想法是：要想成名，就得不断地拍片。不然，观众迟早会把她给遗忘的。

胡蝶缓缓地说道：“能够得到贵公司的青睐倒真是让我受宠若惊了，只是不知我能不能够胜任，你们公司最近有什么片子要拍……”

“我们的意思是这样的，”邵醉翁呷了一口茶，向胡蝶和盘托出了他的想法，“胡小姐，我们到这里来，不是要请你演一两部电影就算了结，我们想请你做我们的基本演员。”

胡蝶不觉迟疑起来：“我做基本演员，我能行吗？”

“当然能行！”邵醉翁和高梨痕朗声笑道，“像胡小姐这样的演员不行的话，恐怕没有几人能行的了。”

机遇再次降临到了胡蝶的身上，就当时来说，像胡蝶这样仅仅只是出演了一二部电影的演员，就能够被天一这样的大公司聘为基本演员，无异于一个奇迹。当了基本演员，就不会像她现在那样老是呆在家里等待片约，她可以天天到公司里去上班，那样对自身提高将有很大的帮助。不仅如此，她每月还有固定的收入，这怎么不是一个绝好的机会呢？

"承蒙你们看得起我，我要是不去的话，那岂不是太不识抬举了。"胡蝶很爽快地答应了下来。

见胡蝶同意了，邵醉翁不禁大喜过望："我们天一公司正需要像胡小姐这样的人才，胡小姐能够加盟到我们的队伍，必将使天一公司壮大声威。"

胡蝶忽然想起了林雪怀，他也有好长一段时间没有接到片约了。如果林雪怀也能够到天一去的话，那么他们就可以天天呆在一起了，他们还可以演配戏，那样岂不是更好，想到这里，胡蝶便对邵醉翁说道："你们公司还需要男演员吗？"

"胡小姐还有合适的人选？说出来看看。"邵醉翁兴趣盎然地问道。

"就是那个林雪怀。"胡蝶兴致勃勃地说，"说起来，他已主演了好几部电影，《秋扇怨》里的男主角就是他，听说他还在明星公司里演过戏，他比我出道还要早几年呢。"

邵醉翁和高梨痕心照不宣地笑了一下。他们知道林雪怀，也看过他主演的电影，总觉林雪怀的表演缺少点什么，以他的才能在电影界里不会有什么大的作为。他们当然也知道林雪怀和胡蝶的关系，公开地推辞肯定显得不够礼貌，于是邵醉翁语言委婉地说：

"对于拍戏来说，出道早晚倒不会有什么，关键是个人有没有发展的潜力。如果我没有看错的话，像胡小姐这样的演员，虽然现在没有大红大紫，我看要不了几年一定会在电影界里走红的。"

说话听音，邵醉翁既然这样说，胡蝶已知道他们无意让林雪怀加盟天一公司，她也就不好再说什么了。

当天，天一公司就和胡蝶达成了意向，邵醉翁向胡蝶开出了较为丰厚的薪水——每月固定工资九十块，并向她下了大红的烫金聘书。

美丽谎言

为了让林雪怀分享她的喜悦，胡蝶当天下午就把这个飞来的喜讯告诉了林雪怀："雪怀，我被天一公司聘为基本演员了。"胡蝶欢呼雀跃地叫道。

"真的吗？那真是太好了！"林雪怀抱起胡蝶转起圈来，"瑞华，这是个不错的机会，天一公司在上海也是屈指可数的大公司，从此你可以跨进当红影星的行列了。"

"我还向他们提起过你哩。"

林雪怀听了，心里一下紧张起来，他不知道别人会怎么看待他，于是林雪怀装作不在意地问胡蝶："他们又是怎么对你讲的？"

"邵先生说现在一时还没有合适的片子，唉，要是我们能在一起演戏那该有多好，那样的话我们就可以天天呆在一起了。"

胡蝶不想伤了林雪怀的自尊心，所以向他撒了一个美丽的谎言。

林雪怀的心好像被刺了一下："没有片子拍就算了，瑞华，反正我以后也不想再拍戏了。"

胡蝶见林雪怀的情绪受了影响，忙安慰他说："不要紧的，反正我已是天一的基本演员了，以后有机会的话我会向导演推荐你的。"

胡蝶的话对于林雪怀来讲无疑是火上浇油，一个大男人还要靠女人"推荐"，还要靠女人在外面混饭吃，那还是什么男人？他的心情于是更加恶劣起来："你以为你是谁呀，有角色就能推荐我，你也不是老板。明星我都去过，天一又有什么了不起的。”

单纯的胡蝶实在搞不明白林雪怀的情绪眨眼之间怎么会有这么大的变化。

最近他们常常闹别扭。林雪怀说起来比她大几岁，可是每次却要胡蝶来哄他。现在，林雪怀又无缘无故地发起了脾气，作为女孩子的胡蝶真想一走了之，可是她又是那么地爱着对方，如果她走了，雪怀不是更加难过?

善解人意的胡蝶拉着林雪怀的手说："徐筠倩现在差不多算是友联的老板娘了，我可以去找找她呀，雪怀，不要生气好吗？每次看到你生气，我的心里也怪难受的。”

林雪怀感动了，他仿佛看到了和胡蝶一起配戏的情景，他想起了他和胡蝶一起走过的日子。那些日子让他感受到了初恋的甜蜜。

他不是不珍惜他和胡蝶之间的感情，只是现实的困境让他的内心纷乱无比，林雪怀长叹了一声，对胡蝶说道：

“瑞华，我没有打算去做一辈子演员，干这一行的，都是吃青春饭，作为男人，我想应该务实为本。我想去经商，这样对我们以后的生活也有好处，等到我们有了小孩，你也不用去演戏了，那时我来养你。”

胡蝶的脸顿时飞上了一片红云，林雪怀的话像一股温泉在她的心间缓缓地流淌。她仰起脸，痴迷地望着林雪怀说：

“雪怀，我爱你，我愿意做你一生的爱人，不论你去做什么，我都会支持你。”

林雪怀激动地抱着胡蝶说：

“瑞华，我很感谢上苍让我认识你，不论我以后的事业是成功还是失败，我的生命里能够拥有你，这一生我已感到满足了。”

好事多磨

1926年，胡蝶与天一公司签订了长期的合同，成为天一公司的基本演员。

这一年，天一公司一共拍了八部电影，而胡蝶则如陀螺一般地主演了其中的七部电影。

为了赶戏，胡蝶几乎每天都是在水银灯下度过的。这样一来，她和林雪怀见面的机会就少多了。

但情感专一的胡蝶依然是一往情深地爱着林雪怀，她常常在拍片的空隙里，抽时间来和林雪怀相聚。

这个时候的林雪怀作了一个比较明智的选择，他离开了演艺界，开始涉足商场。

激流勇退，对于在电影界已不可能有多大发展前途的他来说，未尝不是一件好事，只是眼高手低的林雪怀的投资项目显得有些盲目，他在没有经过慎重的市场调查的情况下就开起了一家酒楼。

初涉商界的林雪怀，在酒楼开张之初，靠着以前演戏时闯出的一点小小的名声，还有一些食客给他一些面子，酒楼还略有赢利。然而，由于林雪怀对经商缺乏经验，半年过后，林雪怀的酒楼便渐渐地衰退下来，每天在他这里吃饭的人少得可怜，酒楼几乎入不敷出。

他那家酒楼的经营状况让胡蝶的父母也在一边干着急，胡少贡不止一次地叫女儿劝说林雪怀把酒楼放弃算了。

胡蝶想起林雪怀的性格，很为难地叹了一口气说：

“爸爸，雪怀是个很要面子的人，现在那家酒楼已经成了他的精神支柱，如果叫他半途而废的话，他肯定是不会同意的。”

“面子有那么重要么？”胡少贡没好气地说，“当初我就劝说他不要去开什么酒楼，投资太大，他又没有什么社会关系，怎么办得下去？现在把酒楼转让掉，还可以有些本钱改行做其他的生意。再往下拖，只怕到时越亏越多了。年轻人嘛，应该务实为本，我看这个林雪怀，好像有些好高骛远，做事不切实际。”

“做生意嘛，有赚有亏，时间久了，说不定慢慢地会好起来的。”胡蝶安慰着父亲。

“但愿如此吧，”胡少贡长叹一声，说，“就怕到时是死要面子活受罪啊。”

胡少贡说得没错，日子一天天过去了，林雪怀的酒楼不但毫无起色，反而每况愈下难以为继。

与林雪怀形成强烈对比的是，胡蝶在电影界里的成就却如日中天：她主演的那几部片子为天一公司创造了丰厚的利润。

其他电影公司见到古装片有利可图，便纷纷改弦易辙，一时间电影界里形成了一股古装片的潮流，而胡蝶，无疑是这股潮流中的佼佼者。

因为片子越来越多，胡蝶和林雪怀单独相处的时间也越来越少，但她对林雪怀的爱没有产生过半点的怀疑和动摇。胡蝶把林雪怀当做了她一生的爱人和依靠。每当胡蝶从摄影棚里出来，疲惫不堪的她一想起林雪怀的音容笑貌，心里便充满了无限的柔情。

这天，拍完戏的胡蝶没有急着回家，而是径直往林雪怀的酒楼赶来。她已经有好几天没有见到林雪怀了，他的酒楼让她在心里为之牵挂。

胡蝶来到酒楼，只见里面一片狼藉，几个伙计也是一脸惊慌不定的神色，看他们那副样子，好像这里遭受过洗劫一样。

“这是怎么啦，酒楼里发生了什么事？”胡蝶慌忙向伙计问道。

“老板借了高利贷，没钱还，被人砸的。”一个认识胡蝶的伙计悄悄地告诉她说。

“酒楼生意不好么？借的钱到现在还没有还？”

“好什么呀，”那伙计叹了一口气说，“店里卖出去的钱只够还别人的利息的，要是生意不好时，这利息都没得还的了。这不，刚才来的那帮人还向老板威胁着要钱哩。”伙计一边说着，一边摇了摇头。

正说着时，只见林雪怀从楼上走了下来，他的眼睛肿得老高，显然是被人打的。

“雪怀，你伤得重不重，有困难可以跟我讲呀，”胡蝶心疼地说，她从钱包里取出一沓钱递给林雪怀，“这些钱，你先拿去把利息交了吧，不够的话我明天再送一点来。”

“谁说我差别人的钱了！”林雪怀向几个伙计狠狠地瞪了一眼，说着把钱往胡蝶的包里直塞。林雪怀不想在胡蝶的面前丢了那副面子。

胡蝶挡住林雪怀的手：“雪怀，不要瞒我了，我们之间还要分这些么？”

“我不要你的钱！”林雪怀的声音提高了八度，“我是个男人，哪有大男人用女人钱的，讲出去也不怕别人笑话，酒楼的事有我在顶着，你就不要操心了。”

“雪怀，你是不是不爱我了！”胡蝶跺着脚、着起急来，“做生意哪能少了钱的，就当我借给你的行不行？如果以后你的生意有了起色的话，再还给我也不迟呀。”

见胡蝶这么说，林雪怀只好把钱收了起来：“好吧，等有了钱我一定还给你。对了，过几天就是你的生日了，到时请伯父伯母过来，我为你好好庆贺。”

胡蝶闻言心里涌起一股热流：自己的生日本人都差点忘了，难得雪怀还记得这么清楚——她没有看错，雪怀是爱她的。有了这份爱，那些偶尔的委屈又算得了什么地？有了这份爱，自己即使再辛苦，也值得了。

林雪怀此时的心情极为复杂，一方面，他为拥有胡蝶这样的恋人而感到自豪；另一方面，胡蝶的崛起又让他感到一种无形的压力。

他是演员出身，自然有演员的独到目光，从他第一眼见到胡蝶开始，一种直觉就让他觉得胡蝶日后一定会成为电影界的一颗明星。但他没有想到胡蝶的成名来得这样迅速，以致让他有一种无所适从的感觉。

与胡蝶的成名形成强烈对比的是，他在事业上是如此的衰败，他的酒楼是如此的不景气，经商的不顺利更加削弱了他的自信。

有时候和胡蝶在一起，看到公众对她那种近乎狂热的崇拜，他常常会升起一种自惭形秽的自卑感。

“这是胡蝶的男朋友。”别人在介绍他的时候经常会这样说，仿佛林雪怀成了胡蝶的一种陪衬。在这种情况下，林雪怀的喜怒变得反复无常令人无法琢磨。

在林雪怀的眼中，他与胡蝶之间不再像初恋那样亲密无间，他与胡蝶之间有一条无形的鸿沟让他无法逾越。林雪怀有种彷徨不安、不知前路在何方的茫然。

林雪怀在这种矛盾的心情中和胡蝶的关系变得十分微妙，变得若即若离。

偷尝禁果

这一天，是农历二月二十一日，胡蝶的生日。

还不到中午，林雪怀就在酒楼的大门外贴出告示，宣告停业一天。他要在他的酒楼里为胡蝶举行一场别开生面的生日晚宴。

当胡蝶从摄影场赶到酒楼时，林雪怀早已在那里恭候多时了。林雪怀手里捧着一大束火红的玫瑰：

“瑞华，祝你生日快乐！”

林雪怀很绅士地将玫瑰花送到胡蝶的怀里，然后挽着胡蝶走进酒楼。

二楼的餐厅里，留声机上正在放着柔美的音乐，一张桌子上摆了一个特大的蛋糕，餐厅的四周则放着姹紫嫣红的鲜花，一切给人一种浪漫温馨的感觉。

女人的骨子里面对鲜花有一种天性的亲和感，面对着眼前一片花的世界，花的海洋，胡蝶被感动了，她脸上洋溢着的笑容让人感到那是一个恋爱中的女人才有的那种幸福。

“雪怀，你对我真是太好了。”胡蝶在林雪怀的脸上很调皮地像只小鸟那样轻轻地啄了一下，“你把我看得这么重要，让我怎样感谢你呢？”

林雪怀有些得意：“这是我应该做的，只要你高兴我就满足了。你喜欢这样布置吗？”

“就是太花钱了，何况你现在的生意也不是很好。”

“在今天这个日子，谈钱岂不是对我们爱情的亵渎，我们先不说这个好吗？”

林雪怀的身子倾了过来，他微启的双唇向胡蝶凑了过去。他的双眼在诉说着一种欲望。看着秀色可餐的胡蝶，看着她腮帮上那对好看的小酒窝，林雪怀此时真想把胡蝶一口吞进肚里。

“等一下，你看我爸爸他们来了。”胡蝶一手挡着林雪怀，一边向后退去。

“瑞华，生日快乐！”胡少贡夫妇满面春风地走上楼来了，胡蝶不好意思地低下了头。

生日宴会开始了，四人一边吃着酒菜，一边拉着家常。

“瑞华长这么大还没有过过这样的生日呢，真是难得雪怀有心了。”胡蝶的母亲满心欢喜地说。

未来女婿这样心疼女儿，当妈的当然是喜不自禁了。

“瑞华现在都是明星了，过生日当然要上些档次才行，不然的话，不要是说她，就是我心里也会感到难受的。”林雪怀讨好地说，“要不是怕引起外界那些记者的干扰，我还要办得再排场一些，像瑞华这样的人物，过生日应该与众不同的。”

胡少贡在一旁说道：“不要太花费了，俗话说儿生母苦，过生日吗，无非是自家人在一起吃个饭、图个团圆就行，没必要搞得那么铺张，你们以后花钱的地方还多着呢。”

一家人谈笑风生地吃着酒菜。酒过三巡，胡蝶忽然想起晚上还有一场戏要拍，便连忙对林雪怀说：“哎呀，我还有一场夜戏要拍，你们先吃吧，等一下我再赶回来。”

林雪怀伸向盘子里的筷子停住了：“今天是为你过生日，晚上就不用去了。”

“雪怀，”胡蝶有些歉意地望着林雪怀说，“我真的很感谢你为我办了这么一个生日宴会，只是摄影场里有许多人在等着我回去拍戏。我刚进公司没有多久，不去的话可能会给别人的印象不好，等一会我再来陪你好吗？”

林雪怀望了望胡蝶，他从对方的眼中知道他留不住胡蝶。

他忽然觉得自己有些委屈，自己花费了那么大的心思为她过生日，可是在她的眼里这也许只不过是很平常而已。

林雪怀没有再说什么，他低头喝了一大口酒，自顾自地吃起菜来，但他的眼眶里分明噙满了泪水。

“让她去吧，年轻人应该以事业为重。”胡少贡劝慰着林雪怀。

胡蝶站起身，她看了林雪怀几眼，最后还是依依不舍地赶回了天一公司。

等到胡蝶拍完戏，赶回酒楼时，林雪怀已喝得酩酊大醉。

她的心里不觉一酸：我这样做究竟是为了什么？

此时，胡蝶的心里说不出是种什么样的感觉，一定是我的中途离去才使他醉成这样的，胡蝶感到有些内疚。

她走过去，费了好大的劲才将林雪怀弄到沙发上躺了下来。

“瑞华，不要离开我，瑞华！”

忽然，林雪怀像受了惊一样地大声叫了起来。他显然是在说梦话，他的眼睛依然紧闭着，他显然不知道他的瑞华此时已经来到了他的身边。

胡蝶的双眼模糊了。他心里一定感到委屈吧？

女人的天性让胡蝶的心里涌起了母性的柔情。此时，醉中的林雪怀让胡蝶觉得他像自己的一个弟弟一样需要她的照顾。

她不觉责备起自己来，其实那场戏又何必非要在今天晚上拍呢？她已经为天一拍了那么多的电影，何必要如此认真，把一个好好的生日宴会给搅散了。

夜已深，在这个万籁俱静的时刻，多少有情人在爱情的菩提树下表露心迹，多少有情人在情感的庄园里诉说着他们不老的誓言……

胡蝶怀念起和林雪怀初恋的那段日子来，初恋的日子是多么值得留恋和回忆啊，那个时候的他们在心里都把对方装得满满的……

可是现在，鲜花憔悴人已醉，那些绿肥红瘦的往事似乎显得缥缈而又遥远。胡蝶凝视着灯光下的林雪怀，望着这个实实在在的林雪怀，她觉得自己的内心有了一种依托，她的心里泛起了万千的柔情：

“雪怀，你把我娶过去好吗？我要做你的新娘，我要做你今生唯一的恋人……”

胡蝶俯下身去，轻轻地吻着林雪怀，她双眼微闭，嘴里喃喃地发着梦呓一般的声音。

林雪怀其时正处于一种朦朦胧胧的状态中。

原来，胡蝶走后，林雪怀的情绪一下低落下来，自己辛辛苦苦地办的这场生日宴会对于胡蝶来说只不过是一般的聚会而已，自己可是忙了大半天了。当时他想这个别开生面的生日一定会让胡蝶感到万分的惊喜，他和胡蝶之间的距离在这个特别的夜晚说不定能够更进一层，说不定就在胡蝶的 19 岁生日这天偷吃禁果，和她一起共浴爱河……

可是她却走了，走得义无反顾走得毫不犹豫，眼前的一切在她的眼里似乎是过眼烟云一般，这怎么不让他黯然神伤呢。

曲终人散，灯光黯淡，整个酒楼此时一片寂静。望着空空荡荡的酒楼，林雪怀不觉悲从中来，他更感到一种无尽的孤独吞噬着他。面对满桌的佳肴，他忽然想找个地方痛哭一场。

想想自己，从艺无起色，经商又陷入如食鸡肋的尴尬境地，生活的种种不如意让他感到自己太失败了，林雪怀觉得自己就是一个潦倒落魄的可怜人。胡蝶却在为她办的生日宴会上为拍一段小戏而弃我而去，又有谁知道那是不是一个借口！

罢罢罢！人家现在是当红影星，而我林雪怀有何德何能，竟然能拥香怜玉，权当没有认识她，权当那只不过是一场烟消云散的春梦吧。

不大一会儿，林雪怀就伏在桌子上迷迷糊糊地睡着了。

等到胡蝶回来，将他扶到沙发上时，他方有所感觉。他知道那个人可能就是胡蝶，他忽然有些自暴自弃，一种逆反心理让他不想说话，他觉得只有那样他的心里才好受一些。

直觉告诉林雪怀，胡蝶此时一定在目不转睛地凝视着他。他忽然又觉得自己有些不近人情，有些过于虚伪了。瑞华能够这么晚了还来看他，就足以证明她的心中是装着他的呀，在今天这个值得纪念的日子里，又何苦弄得大家都不开心呢？

林雪怀有些后悔自己的酒喝得太多了，当胡蝶俯在他的身上，梦呓喃喃地向他诉说心事时，林雪怀努力睁开惺忪的睡眼，一脸迷茫地望着胡蝶……

胡蝶望着他憔悴的脸，泪水顿时流了出来，她柔柔地说：

"雪怀，我爱你，我要做你的妻子。"

这句话林雪怀不知等了多久，其实他办这个生日宴会不就是为了胡蝶的这一句话么？

林雪怀双手抚摸着胡蝶的秀发，像是不相信似的问道：

"瑞华，你说的是真的吗？"

胡蝶的心此时早化作了一江柔情无限的春水：

“真的，雪怀我要嫁给你，雪怀，你向我求婚吧！”

林雪怀被感动了，他紧紧地抱着胡蝶，动情地说：“瑞华，你就是我生命的希望，只是我现在一事无成，让你嫁给我，实在是委屈你了。”

“我不在乎这些，雪怀，只要你真心爱我，我就心满意足了。我们都还年轻，我们可以用双手创造未来，一切都会有的。”

“那就让一切都有的时候，我再来娶你。瑞华，到那时我赚够了大把的钞票，找回了做人的成就感，我要让全上海的人都知道你是我的妻子！你相信我吗，瑞华？”

“我相信你，雪怀。”胡蝶被林雪怀的话打动得泪水涟涟。

烛光中，林雪怀发觉胡蝶是世界上最美的女人，经过这一番互诉衷肠，他那颗冰封的心早已被胡蝶的柔情渐渐地融化。他感到一缕春风渗入他的每一个毛孔，林雪怀捧起胡蝶的脸，将自己滚烫的嘴唇印在了胡蝶那风情万种的玉唇上……

订婚仪式

一个月以后，也就是1927年的3月22日，胡蝶和林雪怀在上海北四川路上新落成的月宫舞场举行了隆重的订婚仪式。

在当时，人们是颇为看重订婚仪式的，一旦宣布订婚，就等于说建立了夫妻关系，如同现在拿了结婚证一样，会受到法律的保护。

胡蝶其时已是电影界的明星，她的订婚宴会自然办得颇为隆重，除了双方的家人外，社会各界和胡蝶、林雪怀认识的名流要人也云集月宫跳舞场。

胡蝶发轫于“友联”，成名于“天一”，所以这两家电影公司的人都赶来为胡蝶捧场。

“瑞华，恭喜你了。”徐筠倩和她的未婚夫陈先生齐声向胡蝶问好。

“筠倩，这么长时间了也不来看我，是不是又在拍什么好的片子啊？”

“哪里在拍片子，我都快要嫁为人妇了。”徐筠倩看着陈先生说道，她的脸上洋溢着恋爱中人才有的那种满足和幸福。

“胡小姐，恭喜你！”天一公司的邵醉翁等人也赶来向胡蝶祝贺，“胡小姐，你这几天可以不必天天来公司，如有片拍的话我们会派车来接你过去。”

正在这时，只听司仪高声叫道：“明星公司的张石川先生、郑正秋先生、周剑云先生和卜万苍先生前来祝贺。”

胡蝶闻听不禁大喜过望，要知道此时在上海的电影界里，明星公司可是一直坐着龙头老大的地位，而来的这几位也俱是大腕级的人物。胡蝶出于对他们的尊敬，给明星公司也发了请帖，可怎么也没有想到明星公司的这“四巨头”会亲自前来捧场。

无疑，他们的出现不但给胡蝶抬高了身份，同时也增加了些许的神秘。这是因为胡蝶和明星公司素无来往，而林雪怀和他们也只是有一片之缘，拍完《最后之良心》后，他与明星也就没有打什么交道了。以林雪怀的知名度，是请不动明星公司的。而此刻，明星出动了这么大的阵容，难道仅仅是为了祝贺胡蝶的订婚仪式么？

大家正这样想着，张石川等人已从外面走了进来，一一与电影界的同仁相互寒暄落座。

天一公司的邵醉翁悄悄地问道：“胡小姐与明星没有什么来往，他们几位怎么来了？”

“不清楚，只怕是醉翁之意不在酒啊！”

友联公司的陈先生也低头问徐筠倩：“胡小姐跟他们很熟吗？”

“好像没有什么来往。”徐筠倩摇了摇头，“也许是为林雪怀吧，他以前在明星拍过片子的。”

陈先生听了，不以为然地说：“仅仅是一个林雪怀，不要说他现在改了行，就算他现在还在演戏，只怕也无法搬动这明星的四巨头。”

“真是郎才女貌金童玉女啊。”卜万苍羡慕地对林雪怀说。

“卜先生，你和张小姐现在进展如何？”林雪怀春风满脸地问道，他问的是卜万苍和张织云之间的事情。

“情人是没得做的了，”卜万苍答非所问地说，“胡小姐现在人气骤升，我们可是经常在提及胡小姐的。”卜万苍一语双关地向胡蝶透露着邀其加盟的信息。

“卜先生说笑了。”胡蝶谦逊地说。

这时她发现卜万苍的后面站着一位气质忧郁的女子，似乎在哪里见过一样，便迟疑地问道：“这位小姐看起来好面熟……”

卜万苍这才想了起来，连忙给胡蝶引见道：“你看我，差点把这正事给忘了，你们还是同行哩，这位就是……”

“是阮玲玉阮小姐吧，”不等卜万苍说完，胡蝶就抢着说，“我看过你主演的《挂名夫妻》，阮小姐演得真好！谢谢你来为我们捧场。”

阮玲玉淡淡地笑了一下算是作了回答，她的眉目中似乎天生就有一种忧郁的气质。

“阮小姐可是我老卜挖出来的一位人才哩。”卜万苍的话语中透着一股自得之意。

“卜先生说得极是，”阮玲玉说道，“若不是卜先生，我还不知是在过着什么日子。”

“阮小姐，我来为你引见几位朋友。”胡蝶拉着阮玲玉的手向舞厅中央走去。

……

胡蝶的订婚仪式引来明星公司的巨头明星前来祝贺，使得胡蝶正式结识了张石川、郑正秋、周剑云以及日后蜚声影坛的阮玲玉。而明星公司出动了如此大的阵容，也向胡蝶发出了一个信号，那就是暗示他们对胡蝶的青睐。

张石川（1899 — 1954），原名伟通，字蚀川，导演、早期电影事业家。中国电影事业的开拓者，最早的电影导演之一。

郑正秋（1889 — 1935），原名郑芳泽，号伯常，广东潮州人，生于上海。中国电影事业的开拓者，我国最早的电影编剧和导演之一。

此时的中国社会正处于动荡之中，始于 1925 年的大革命风暴正向全国蔓延；1926 年 7 月开始的国民革命军北伐已席卷半个中国。就在胡蝶订婚的第二天，即 1927 年 3 月 23 日，上海的工人举行了著名的武装起义，北伐军随即开进上海，市民们纷纷走上街头，庆祝革命胜利。

失落与迷惘

举行完订婚仪式，林雪怀明显感觉到了别人眼里羡慕的目光，他脸上一扫平时的晦气，他开始感到了生活的意义。

林雪怀此时少了先前的浮躁，他又像开始认识胡蝶时那样，一往情深地爱着胡蝶。

订婚仪式无疑使林雪怀拿到了与胡蝶组合家庭的许可证，如果说以前他还怀疑过胡蝶对他情感的真实度的话，那么现在一旦宣布订婚，也就意味着林雪怀在这场情感的角逐中成为了最大赢家。

林雪怀对未来的生活充满了自信。尽管自己酒楼的生意一直不景气，但胡蝶的事业正蒸蒸日上，胡蝶在影业界的前途谁也不敢估量，有了这样一位准妻子，还愁没有好日子过么？

林雪怀踌躇满志，他对胡蝶倾注了无微不至的关怀，他几乎像一个老妈子那样地伺候着胡蝶。

他这份过度的关心，让胡蝶都有些过意不去。胡蝶几次都劝说林雪怀不要那样过分地对待她，但林雪怀浑然不在乎。比如胡蝶因为赶片而要拍夜戏时，他则常常守在摄影棚，等待胡蝶一块回家。

面对林雪怀的关爱，胡蝶有时觉得自己对他的感激似乎大于对他的爱。每当她看到林雪怀不亦乐乎地为她做着一切时，她的心里就特别感动。她总想好好地回报一下雪怀，无奈只是自己实在太忙了。

胡蝶的片约越来越多，她时常在夜间拍片，这样与林雪怀在一起的时间也就越来越短。而林雪怀对胡蝶的这种工作也渐渐适应了，他只有在来了兴趣时，才到摄影棚里偶尔接一下胡蝶。

面对林雪怀的这种懒散，胡蝶感到有些失落，是他们已经走过了初恋的狂热、趋入理性的平淡，还是被那些琐碎的现实生活磨去了对爱情的热情呢？

她是爱雪怀的，她也相信，雪怀也同样爱着她，只是她为什么会感到如此的失落和迷惘？

此外，林雪怀的那间酒楼也一直让她牵肠挂肚。

林雪怀与胡蝶订婚后，本以为酒楼的经营会因为胡蝶的名人效应而有所好转，然而，除了他订婚的那几天客源多一些外，其余的时间里依然如故。为此林雪怀极为苦恼，他在考察了同行的酒楼后，找出了自己的缺点：他的酒楼既不像街头的小店那样大众化，也缺少那些大酒楼的豪华气派。为此林雪怀决定要重新装饰酒楼。

于是他四处筹钱，又在胡蝶手里“借”了一些，将酒楼包装得焕然一新。可是过了一阵后，他的酒楼依然是门可罗雀车马稀。

对于林雪怀酒楼的这种现状，胡蝶也是苦恼不已，她只能时常资助林雪怀一些钱，希望他的生意能够好起来。

徘徊在摄影棚和林雪怀之间的胡蝶，大部分的时间都花在摄影棚里。胡蝶是一位对自己有很高要求的演员，这时的她慢慢地发觉天一公司那种粗制滥造的制片作风使她难成大的气候。

正当胡蝶为此感到彷徨时，1927年底，著名的明星公司正式向她发出邀请：明星公司欢迎胡蝶前来加盟。

胡蝶顿时陷入两难境地里。如要去明星，就得先与天一公司解除合同。但胡蝶觉得天一公司对她有知遇之恩，而她现在是天一公司唯一的台柱演员，让她立刻“撤柱走人”，她还真有些于心不忍。

为此，胡蝶征求了林雪怀的意见，她向林雪怀谈了自己的顾虑，何去何从，她希望林雪怀能为她拿个主意。不管怎样，林雪怀也是演员出身，他应该拎得清其中的分寸。

林雪怀对胡蝶优柔寡断的样子有些气恼，他搞不懂胡蝶怎么会有这么多的顾虑，他怂恿胡蝶说：

“肯定可以一走了之啊，不论从哪个方面来讲，天一公司是无法同明星公司相提并论的！所谓大树底下好乘凉，你看看人家阮玲玉小姐，只在明星演了一部戏，可是她的名气却可以抵得上你所有的影响了。这个时候，根本就没必要有那么多的顾虑，要知道过了这个村，说不定明天就没有这个店了。”

“这个道理我当然知道。”胡蝶说。

“既然你知道这些，那你还磨磨蹭蹭的干什么？有了明星这样的大公司为你镀金，要不了多久，你胡小姐可要光芒四射了啊，”看到胡蝶犹豫不决的样子，林雪怀继续为她打着气，“有这么好的机遇不知道把握，到时候可是要遗恨终生的。树挪死，人挪活，天一公司的那一纸协议其实又算得了什么，犯得着为它花费这么大的心思吗？”

“雪怀，你说的这些利害关系我又怎么会不懂呢，”胡蝶若有所思地说，“你说的有你的道理，可是我也有我的难处啊。你应该知道，现在的天一公司虽然没有让我成为红极一时的人物，可是我今天所拥有的不都是天一给我的么？若没有天一给我机会，明星公司那些重量级的人物又怎么会知道我胡蝶？古人常说滴水之恩，当涌泉相报，我现在如果一走了之的话，于情于理似乎有些说不过去。”

“女人真是头发长，见识短，妇人之仁，何以成就大事！”林雪怀见胡蝶顽固得不可理喻，气呼呼地回他的酒楼里去了。

胡蝶还是感到左右为难。在她的内心里，她是想早日进入明星公司的，只是她想到天一公司的邵先生对她一直不薄，而且现在她又是天一的台柱，她要是一走了之的话，天一公司肯定会受到一定的影响。

胡蝶是一个颇讲职业道德的演员，虽然她知道邵先生是一个宽宏大量的人，但自己若真的提前退出的话，胡蝶一时还真有些于心不忍。

就在胡蝶为这件事举棋不定的时候，1927 年底至 1928 年初，天一公司发生的几件事最终让胡蝶离开了邵醉翁的摄影棚。

最重要的一件事是美女演员陈玉梅的出现。

从 1927 年开始，也许邵醉翁意识到胡蝶久非池中之物，于是力捧另外一位女影星陈玉梅。陈玉梅出道很早，但她在影坛中一直没有多大的名气。1927 年，陈玉梅加入到天一公司，邵醉翁让她一连主演了好几部影片，就在拍片的过程中，邵醉翁与陈玉梅由戏生情，双双坠入爱河。没过多久，陈玉梅就成为了邵醉翁的妻子。虽然陈玉梅的演技并没有什么过人之处，但她既然已成为老板娘，当然也就有了很大的优势。于是，陈玉梅很快替代了胡蝶而成为公司的台柱。

这对于胡蝶来说，自然是一个很好的退出机会。

1928年的3月，胡蝶离开了天一公司，加盟到了大名鼎鼎的明星公司。

这一年，胡蝶才20岁。

这天下午，胡蝶难得正常下班回家。半路上，她忽然想起林雪怀来，听说他的酒楼生意一直不大好，也不知现在怎么样了？她决定到酒楼里去看看。

此时已是傍晚时分，应该是酒楼生意最好的时候，可是当胡蝶赶到酒楼去的时候，却见到那里门可罗雀，酒楼里稀稀落落地坐着三两个客人，一帮伙计也是没精打采地站在一边、不知干些什么才好。林雪怀则是双目无神、一脸愁容，几天没见面，胡蝶觉得林雪怀比以前消瘦了许多。

见到胡蝶，林雪怀黯淡的目光顿时放出光彩来，仿佛是溺水中的人见到了一根救命的稻草，他三步并成两步走到胡蝶的跟前，话语中明显的带着一种说不出的激动：

"我正要去找你呢，你来得实在是太好了。"

"有什么事吗？雪怀。"胡蝶关心地问道。

见到胡蝶这样一问，林雪怀倒显得有些不好意思起来，一副欲言又止的样子。最后，他看起来好像是作了很大的努力，这才对胡蝶说：

"这句话我真的不知道怎么向你说才好，今天银行又来人了，我贷的钱如果再还不上的话，他们说就要封我的酒楼了。"

"还差多少钱？"胡蝶连忙问道。

"400块就够了，"林雪怀急急地说，"有了这笔钱，我的酒楼就可以度过这阵危机了。"

胡蝶这天带的钱没有那么多。在林雪怀的办公间里，她从钱包里掏出300块钱递给林雪怀说："我今天就带了这么多，剩下的我明天再带来给你。"

说到这里，胡蝶又停顿了一会儿说："雪怀，也许我爸爸当初说得对，酒楼的生意既然一直不太好，我看你不如把它卖了，另外做些别的生意，也许比这个要好一些。”

林雪怀听了一张脸立即黑了下来，就好像谁揭开了他内心的伤疤一样，他有些不耐烦地对胡蝶说：

“这可是我保命的饭碗，说什么也不会把它扔了不管的，做生意都是这样，有赚有亏，说不定过一阵酒楼的生意会好起来的。”

胡蝶见到林雪怀这个样子，知道自己说中了他的痛处。他是个极要面子的人，酒楼成了他的一块心病，还是不提它罢。

可是，不讲这些又能说些什么呢？

两人一时无话，房间里一时不觉有些沉闷。

过了一会儿，林雪怀才悠悠地说道：

“还是做女人好啊，女人出来闯世界比男人容易一些，一旦闯出来了的话，别人会说她多么地有本事，如果没有闯出来的话，她还可以伸手向男人讨钱用，没有人会说她怎么样。可是我们男人就不行了，男人从来到这个世界的那一天起，就注定要在这个世界上闯出一番天地来，特别是对那种有强烈事业心而又时运不济的人来说，可真是惨不可言。当男人遭受到失败的时候，要知道他的内心是多么的痛苦！当一个男人向女人要钱用的时候，你可知道他是一种什么样的心情？”

林雪怀一脸凄苦，露出一副命运不济的愁容。

胡蝶见林雪怀又在她的面前大发感慨，仿佛他是这个世界上最为不幸的人一样，一时还真不知怎样说才好。她不知道林雪怀为什么会把男人的名利看得如此的重要，也许是他太要强了吧？可是不管怎么说，至少他的身边还有她呀，何必自寻烦恼呢？

想到这里，胡蝶握住林雪怀的手说：

“雪怀，你不必为这么一点小事放不开，我们俩在一起，又有什么不可以面对的呢，来日方长，我们应该看得远一些。我现在进了明星公司，你应该为我感到高兴才对，你的身边还有我，我会支持你的。”

“但愿如此吧。”林雪怀心不在焉地应了一声。他这天的心情坏到了极点。

作为一位男人，身边有着这么优秀的一位女人，等于就是他面前的一座大山。胡蝶在事业上一帆风顺，可是他在商场却江河日下，两人之间形成了强烈的反差，他心理的压力与日俱增。如果女人太强了的话，往往会看不起她身边的男人，林雪怀想起了不知是谁说的这一句话。如果说与胡蝶订婚后开始他感到生活充满了阳光的话，那么现在他对于自己的前途则感到一片茫然和困惑，有时候他觉得胡蝶好像根本就不爱他，她与他来往也许是看在一纸婚约的份上，也许胡蝶的心里只是在同情他这个落魄之人吧？

情人之间的约会应该是充满温馨和甜蜜的，可是胡蝶和林雪怀的关系随着时间的推移，却渐渐地变得微妙起来。

对胡蝶而言，先前的那种神秘感和兴奋感不见了，有的只是一种义务，一种责任。在胡蝶的心里，她希望林雪怀的酒楼尽快地好起来，她清楚只有这样，他们之间的关系才会有所好转。然而，林雪怀的那家酒楼却如脱了皮的枯树一般，再也难见起色了。好几次，债主逼上门来要封他的酒楼，都是胡蝶慷慨解囊救了林雪怀的燃眉之急。胡蝶为此也苦恼不已。没有办法，她只好全身心地投入到摄影棚里，借那种紧张的工作来分散注意力，勉强得到一种解脱……

恩断义绝

胡蝶的事业如日中天，她在明星公司的薪水也水涨船高，大约在《火烧红莲寺》拍摄完毕的时候，明星公司将她的薪水加到了260元。

加薪对于胡蝶来说当然是欣喜异常了，她从老板们为她开的薪水中看出了她在公司里的价值。她的这份薪水比她在铁路上当官差的父亲可要高出好几倍，这怎么不让她高兴呢？

人逢喜事精神爽。胡蝶在高兴之余，不觉想起了未婚夫林雪怀，要是他知道自己加了薪水也会高兴吗？！要不要把这个好消息告诉他呢？

胡蝶想到这里的时候，不知为什么有些犹豫起来，因为她想起了林雪怀那家只赔不赚的破酒楼，自己不知道为他贴进去多少钱了。其实那个酒楼根本就没有存在下去的理由了。如果他知道自己加了薪水以后，会不会乘机向她借更多的钱？

胡蝶倒不是心疼她的钱，只是这样无意义地花钱，实在是没有什么价值。以后她的日子还长，应该为将来的事情做准备了。

胡蝶有了新的想法，她想和父亲一起合伙开一家新的商贸公司，让他的父亲来做前期的准备工作，等到一切顺手的时候再让林雪怀参入其中的管理。

林雪怀知道胡蝶的这个想法后，心里不觉失落无比。他对胡蝶送他的这半个公司一点也不感兴趣。他的酒楼已经难以为继了，他本来是想向胡蝶再借些钱的，可是这一下没有指望了。没有胡蝶做后盾，他的酒楼就像一个严重缺血的病人得不到新鲜血液一样只有等死了。酒楼一旦倒闭的话，他林雪怀颜面何在？

在林雪怀的心里，那家酒楼就是他的一面旗帜，是他的精神支柱，他实在难以面对这样一个残酷的现实。

在一个落叶四处飘零的下午，林雪怀的酒楼被人拆得七零八落，林雪怀神情木然地看着这家他一手经营的酒楼化为乌有。

林雪怀此时觉得他自己就像这家酒楼一样，内心的建筑在轰然崩塌。他不觉把身体靠在一棵梧桐树上，痛苦地闭上了眼睛。

“雪怀，你不要为它难过……”胡蝶挽起了林雪怀的胳膊，她的话语中充满了柔情。

林雪怀长叹一声：“你要知道，它可是我立命的本钱啊，你却眼睁睁地看着它倒闭。”

“雪怀，长痛不如短痛，再说，你可以到我和父亲合伙开办的公司里来帮我，这样不是很好么？”胡蝶理解林雪怀此时的心情，她小声地安慰着林雪怀说。

“一个堂堂的男子汉大丈夫，却要靠女人来吃饭，你知不知道他是一种什么样的心情？哪个男人喜欢靠女人吃饭，哪个男人不想干自己的事业？！”林雪怀挣脱胡蝶的手臂，大声地叫了起来。

“雪怀，你怎么还对我说这样的话，难道你还不相信我么？难道你还看不出来我对你的情意？我的人都是你的了，我的一切都是你的，我们之间还用分得这么清楚吗？”

胡蝶的声音不觉颤抖起来，她的眼眶中噙满了泪水。

林雪怀看到胡蝶的这个样子，觉得自己刚才是有些失态。他拉着胡蝶的手，有些讪讪地说："好吧，我过两天就到那里去，不管怎样也有个打发时间的地方。”

没过多久，林雪怀到胡蝶开的公司里去料理生意场上的事情。

可是好胜心强的林雪怀总有一种寄人篱下的窘迫感，所以他在那里没有丝毫的自信，一天到晚没精打采的。胡蝶的父亲见林雪怀这副死气沉沉的样子，心里不觉感到无端地厌恶，许多业务上的事情便也懒得与他商量，林雪怀在公司里觉得自己像个局外人一样。

很多时候，林雪怀会陷入胡思乱想中，他时常觉得胡蝶现在可能已经不会爱他了，那样一个光芒四射的当红女明星，怎么会看得起像他林雪怀这样的一个小人物？当今之上海滩，有那么多的政要名人、豪商巨贾，就是在演艺界也有不少风头正健的男影星，那些人难道不会向胡蝶这样女星发起进攻？

也许，胡蝶现在对他所做的一切都是在同情他可怜他吧？

林雪怀整日这样神情恍惚，早已失却了以前的那种自信；而胡蝶总在忙着拍电影，加上盛名之下，难免会有一些应酬，所以她与林雪怀相聚的时间越来越少。

当曲尽人散，一人静坐的时候，胡蝶反省自己对林雪怀的感情，似乎有种随缘的感觉。她自己也不清楚为什么会变得这样。也许是两人之间的差距，也许是林雪怀那种小男人的肚量让他们之间不再像以前那样亲密无间了吧？

如今的胡蝶对林雪怀已经没有初恋时的那种一日不见便朝思暮想的牵挂。有时与林雪怀约会时，胡蝶也明显感到对方是在心不在焉地应付。她不知道林雪怀怎会变成这样。她也不知道自己怎会变成这样。作为一位盛名之下的女人，一位在事业上如日中天的明星，胡蝶是无法、也不可能感知林雪怀的内心世界的。

胡蝶的世界里似乎只剩下了电影。电影成了她生活的唯一牵挂和安慰。

如此一来，胡蝶更是没有时间和林雪怀呆在一起了。晚上下了班，胡蝶累得筋疲力尽，往床上一倒就一觉睡到天亮。林雪怀来她的家里找她的时候，经常连胡蝶的面都碰不到。一连几次这样后，他觉得自己好像是一个多余的人。

身边缺少了胡蝶的慰藉，林雪怀感到万分空虚。没有女人的日子真是寂寞啊！

这天，林雪怀没有找到胡蝶，不觉信步走到大街上。面对着灯红酒绿的夜上海，林雪怀心里好一阵失落。

这漫漫长夜，将如何打发？胡蝶她在人前人后风光无限，可是我呢？不过是一个靠女人接济的男人！林雪怀只觉欲哭无泪，他真想找个地方好好地发泄一下。

“先生，坐车吗？”一个拉黄包车的车夫停在他的面前问。

林雪怀没有说什么话，他神情木然地坐上了黄包车。

“先生要到哪里去？”

是啊，到哪里去？

“就到百乐门夜总会吧。”林雪怀百无聊赖地说。

他想到那个笙歌燕舞的地方用酒精刺激一下自己麻木的心。

不大一会儿，车夫把林雪怀拉到了百乐门夜总会的门口。

林雪怀走下黄包车，一阵冷风吹来，他顿时清醒了一大半。自己到这种地方来花天酒地是不是对胡蝶的不忠呢？自己所用的钱可都是胡蝶给他的……

林雪怀一时有些犹豫起来。

管他呢，她不来陪我，我自己找乐还不行吗？天下的男人有几个不到这种地方来消遣的？这样想着，林雪怀似乎为自己找到了一个合适的理由，他昂首挺胸地走进了夜总会。

林雪怀找了个地方坐了下来，他要了一瓶红酒，独自一人在那里自斟自饮。

一杯酒还没有喝完，只见一个打扮得花枝招展的美女一步三摇地走了过来：

"先生，一个人在这里喝酒不感到寂寞么？不想找个人陪陪？"

林雪怀抬眼把那女子打量了一眼，他厌烦地挥了挥手，示意那女子走开。

那女人讨了个没趣只好走开，她鼻子里冷冷地哼了一声：

"没见过哪个男人到这里来一个人喝闷酒的，神经病！"

林雪怀用迷茫的眼神看了那女子的背影一眼——是呀，哪个男人到这里来不是找女人？一个人喝闷酒该有多累、多无趣呀！

林雪怀开始用眼睛搜索着那些穿梭在灯红酒绿中的女人，像一个猎艳的高手在寻找着目标。

……

这一天，林雪怀在夜总会里玩到深夜才回到家。

他想开了，从此，他也懒得去找胡蝶，反正外面女人多的是，胡蝶不能给予的，别的女人能给予，那还不是一样。

林雪怀开始在欢乐场里乐此不疲。

林雪怀终于堕落了。他经常周旋在几个女人中间，他把胡蝶给他的钱大把大把地花在风月场上，只有等到钱用完了的时候，他才会想起他还有一个未婚妻是胡蝶。

林雪怀因为他的身份特殊，所以没过多久，他的劣迹就传遍了上海滩。而胡蝶因为忙于拍戏，对此一直蒙在鼓里。

却说这一天晚上，胡蝶的父亲胡少贡把他听来的情况告诉了刚从摄影棚里回来的胡蝶。

“雪怀竟在外面鬼混了？”胡蝶有些不相信似的问着父亲。

“外面都传开了，就你一人还蒙在鼓里，这个臭小子，我早就看出他是个中看不中用、华而不实的家伙。”胡少贡气哼哼地说。

胡蝶没有再说什么，她的心情极其复杂。

这段时间她实在是太忙了，她记不清楚有多长的时间没有和林雪怀好好地呆在一起了。她现在拍的是中国的第一部有声电影，叫《歌女红牡丹》。很多问题都是以前所没有碰到过的。胜败在此一举。她把心都系在摄影棚里了，哪里还有时间想儿女情长的私事？

《歌女红牡丹》的故事情节是这样的：

> 歌女红牡丹在舞台上十分走红，但很不幸的是，她嫁了一个无赖的丈夫，她在舞台上所有的收入都被丈夫拿出去挥霍一空。红牡丹偶尔劝说他一两句，还会遭到丈夫的一顿毒打。红牡丹终于积劳成疾，嗓子也失声了。而她那狠心的丈夫更加虐待红牡丹，因为没有钱挥霍，竟然把女儿卖掉……
>
> 编剧洪深先生力图通过红牡丹的悲剧人生来表现旧封建礼教对妇女心灵的摧残。

命运仿佛跟胡蝶开了一个灰色的玩笑——就在胡蝶演这部电影的时候，她在生活中的处境与戏中的歌女红牡丹几乎如出一辙。

林雪怀在外面花天酒地，常以做生意的名义向胡蝶骗取大量的钱财。当胡蝶从父亲的口中得知了林雪怀在外面的劣行后，她在内心里并不相信林雪怀会堕落到那样的地步。她想到可能是自己拍戏太忙，雪怀感到太过于寂寞，才到外面去消遣的，等到这部戏拍完了，自己多抽点时间来陪陪他应该就没事了。

这天晚上，胡蝶拍完戏从明星公司出来后，她没有像往常那样叫车回家，而是独自一人在路上走着。她不禁想起林雪怀来，这个时候他又到了哪里去了呢？他真的常去那个地方去玩女人吗？

一阵寒风吹来，胡蝶禁不住打了个冷颤，女人的本能促使她叫了辆黄包车来到了霓虹闪烁的百乐门夜总会大门口。

等了不多一会儿，胡蝶看到一个熟悉的身影从夜总会大门里走了出来，那个人就是林雪怀！

喝得醉醺醺的林雪怀被两个浓妆艳抹的舞女扶着，他神态暧昧地和舞女说着调情的话，林雪怀的脸上写满了十足的淫笑：

"春宵一夜值千金，两位小姐今天可要到我家里去陪陪我。"

"林先生看得起我们姐妹俩，我们当然是乐意奉陪了。"

两位小姐一边说着，一边扶着林雪怀往路边的黄包车走去。

"林雪怀！"

胡蝶再也忍不住了，她用尽了全身的力气大声地叫了一句。

林雪怀听到了叫声，下意识地朝胡蝶这边望了望，当他发现了胡蝶的时候，脸色顿时僵住了。那两个舞女见了，连忙识趣地走开了。

"林雪怀，你把我给你的钱原来都用在了这里。"胡蝶的声音里充满了悲恸，此时，她觉得自己就像戏中的那个红牡丹一样。

被胡蝶这样一叫，林雪怀的酒已醒了一大半。他用眼角偷偷地瞄了胡蝶两眼，低声下气地说：

"瑞华，我只不过有些寂寞……你刚才看到的只不过是逢场作戏罢了。"

"逢场作戏？你和谁在做戏，你和我是不是也在做戏？"胡蝶的声音都变样了。

“怎么会呢？瑞华，”林雪怀很小心地走上前来，他讨好地用手绢帮胡蝶擦了擦脸上的泪水，“我对你的情义你难道还不知道么，我怎么舍得离开你，离开了你我就无法再活下去了，真的，拥有你是我一生中最大的骄傲。”

林雪怀像背台词一样说着，在戏场里出入了这么长的时间，他知道怎样来哄女人，也知道怎样来讨女人的欢心。

胡蝶仍在哭泣，她没有理会林雪怀。一个女人怎么能够忍受得了男人对她的背叛，林雪怀的所作所为，实在是让她太伤心了。

林雪怀此时心里一下没了底，他真怕胡蝶一气之下不再理他，那样一来的话，他的经济来源就没有了。没有了经济来源，那些情场中的女人还会再理会他吗？

“瑞华，你不要再哭了好不好，你再哭的话，我的心都被你哭碎了。我保证以后一定不会再有这样的事情发生了……”

胡蝶推开林雪怀搭在她肩膀上的双手，她两眼直直地盯着林雪怀。她的目光像一泓秋水，明净而锐利。

林雪怀不敢与她的目光对视，他小声地说：

“瑞华，我们回家吧。”

“林雪怀，这是我给你的最后一次机会，望你以后要好好地珍惜。”

“瑞华，你原谅我了？”林雪怀惊喜地问。

“不过，以后你在经济上不会像以前那样宽裕了，男人有钱就变坏，对你管严一点，对你也会有好处的。”

从那天以后，林雪怀因为被胡蝶收紧了银根，不能再到戏场里去挥霍了。他有时候偶尔到胡蝶办的贸易公司里看一下，胡少贡对他的恶迹早就反感得要死，见了他也懒得搭理他。这样一来，林雪怀只得成天呆在家里，成为一个吃闲饭的男人。

林雪怀心里窝着一股火，他向胡蝶讨钱的时候也不敢像以前那样理直气壮了。一个靠女人打发俩小钱过日子的男人，活得又是多么的悲哀。

林雪怀觉得自己再怎么说也是演过几部电影的男人，混到如今却还要受到女人的限制！

有时候他真想和胡蝶来个一刀两断——可是如果分手的话，他林雪怀还有什么呢？到了那时的话，他林雪怀恐怕连吃饭都成问题了吧？

在这种情形之下，林雪怀只有靠喝酒来麻醉自己。

还是酒好，酒能够让他忘记生活中的一切空虚和失落……

这天傍晚，酒后醒过来的林雪怀感到在家里闲得无聊，他信步来到大街上遛弯。看到灯红酒绿的夜上海，林雪怀的心里不禁有一种莫名的冲动，他真想一头扎进夜总会里去寻找男人的自信和洒脱。可是……他下意识地摸了摸口袋之后，不得不打消了这个念头。

没有钱的日子可真难过啊，林雪怀在心里悲苦地叫了一声。

"卖报咧，今日特大新闻，当红女明星胡蝶小姐与老板张石川共下舞池！"前面有个报童扯着喉咙大声叫着。

林雪怀听到胡蝶的名字，他的心不觉一阵紧张，连忙走过去买了一份报纸低头看了起来。

在报纸的第四版，他看到一个用大号铅字制作的标题：影星胡蝶和张石川共下舞池。

在这篇大约有2000字的文章里，作者用了大量的笔墨对胡蝶和张石川跳舞一事大肆渲染。从作者的字里行间，人们很明显地能捕捉到这样一个信息：当红影星胡蝶小姐与张石川关系暧昧，张石川之所以如此地力捧胡蝶小姐，一定是得到了胡蝶小姐投桃报李的好处云云……

其实林雪怀看到的只是一份街头小报。这类报纸为了能够吸引读者的注意，常常无中生有地对一些当红艺人的个人隐私进行大肆渲染，以此招徕读者。这些小报所刊的内容根本就不足为信，很多人也懒得与其计较，往往是一笑了之或是一怒了之。

但林雪怀却不这样想。他因为在现实生活中与胡蝶有着巨大的差异，从而使他对自己缺乏自信。因为缺乏自信，而变得多疑；因为多疑，他就时常胡思乱想地认为胡蝶会与其他的男人有着什么不清不白的关系……

在这种情况下，这样的报纸无疑会使他怒火中烧。

林雪怀当时什么也不想，他只想将胡蝶当面好好地骂上一顿，以消除他这几天心中的怨气。

林雪怀想到此时胡蝶肯定还在摄影棚里。于是他叫上一辆黄包车，火急火燎地向明星公司赶去。

此时胡蝶刚刚拍完一场戏，正在摄影棚外面休息，猛地见到林雪怀怒气冲冲地赶来，还以为发生了什么大的事情，连忙迎了上去问道：

"雪怀，你怎么现在赶来了，有什么事情么？"

"我现在不能来了？"林雪怀阴阳怪气地说，"是不是怕我打破了你们的好事啊？"

林雪怀的这副神情把胡蝶搞得莫名其妙，她嗔怪地望了林雪怀一眼说：

"雪怀，你今天到底是怎么了，说话都是这样怪里怪气的。"

"那还不都是被你们气的吗？"林雪怀的脸色涨得像猪肝一样，"我说怎么这么长一段时间见不到你的人影，还以为是在拍电影呢，没想到是和别的男人一起到外面跳舞去了！听说你的舞姿还蛮不错的，啊？"

"你今天是不是发烧了，谁和谁一起跳舞了？"胡蝶更是被林雪怀说得一头雾水。

"我的胡大小姐果然是演艺界里的明星，说起假话来面不改色心不跳的，今天我林某人算是开了眼界了。"林雪怀说着把那张报纸递到了胡蝶的眼前。

胡蝶匆匆地看了一眼，随即，她的嘴角上挂起了一丝不屑的冷笑：

"这类捕风捉影的小报你也相信它吗？"

胡蝶真的没有想到林雪怀会变得如此不可理喻。

"捕风捉影，说得怪轻巧的，要是没有风没有影，别人怎么会捕捉得到，别人会说得这么有板有眼么？”林雪怀不依不饶地说道。

“雪怀，”胡蝶轻轻地叫了他一声，她希望她的柔情能够唤回林雪怀对她的信任，“你是相信别人还是相信我，这么多年我对你的情义，你难道还不了解么？”

“我只相信纸是包不住火的，胡小姐，你好自为之吧。”

看着胡蝶傻愣愣地呆在那里无话可说，林雪怀的心里有一种说不出的快意。林雪怀终于觉得出了一口心中的恶气。

胡蝶还要说些什么，林雪怀却看也不再看她，转身登上停在外面的黄包车扬长而去。

……

胡蝶不想和林雪怀这样冷耗下去，她觉得有必要向林雪怀解释清楚。

当天晚上，胡蝶下了班后赶到林雪怀的家里，然而，让她伤心的是，林雪怀竟然闭门不见了。

如果因为一张小报不负责任的报道就使他们的关系变得紧张的话，那以后还怎么生活在一起呢？

胡蝶想把她和林雪怀之间的这场矛盾化解，可是当她再次去找林雪怀的时候，她却依然吃了一回闭门羹。

胡蝶不知道林雪怀在心里是怎样看待她的。她没有时间和林雪怀这样纠缠下去了。《歌女红牡丹》的后期制作已经到了关键时刻，她必须心无旁骛地练配音对口形。她认为过一段时间，林雪怀冷静下来，一定会消除那场误会的。

大约过了十来天，胡蝶正在摄影棚里练配音时，一位剧务人员跑进来对她说：“胡小姐，外面有人找你。”

“是林先生吗？”胡蝶随口问道。她还以为是林雪怀主动向她和解了。

“不是的，一个从来没有来过这里的人。”

胡蝶听了，不觉感到有些奇怪，这个来找她的人是谁呢？

正在这样想着时，只见一位穿西装的男子彬彬有礼地走了进来，他向胡蝶递了一张名片：

“是胡小姐吧，我是林雪怀雇的律师鄂森。”

“律师？……”胡蝶有些迟疑地接过名片，“鄂先生有什么事吗？”

“这是林先生托我交给胡小姐的一封信。”

胡蝶的心里忽然涌起一种不祥的感觉，她匆匆地打开信看了起来。还没看完，胡蝶就觉眼前一片模糊，她努力想控制自己的感情，可是眼眶里的泪水还是不争气地簌簌地落了下来。

旁边的人不知道究竟发生了什么事情，纷纷跑过来关心地问道：

“发生什么事了，胡小姐？”

鄂森觉得时机已到，他首先要从心理上击倒胡蝶。当着众人的面，鄂森的脸上没有露出丝毫的表情，他冷冷地说：“没什么，林先生委托我向胡小姐商谈解除婚约一事。”

林雪怀在信中措辞激烈，说胡蝶举止轻浮，不守妇道，为维护男子汉的尊严，惟有解除婚约而后快云云。

信里面的一句句话就像一把利剑一样把胡蝶的心给刺伤了，自己到底做错了什么，为什么会遭到林雪怀的恶意攻击？

自从胡蝶走红以来，要知道有多少男人在她的面前大献殷勤，可是她一直不为所动。在她的心里，她一直把林雪怀当作她的终身丈夫。可是现在，面对林雪怀的一纸休书，那过去的一切，都将是一场春梦了。

胡蝶生平第一次遭受到如此大的变故，她步态踉跄地回到家里后，再也忍受不住，趴在桌子上失声痛哭起来。

父亲胡少贡得知了事情的原委后，气得把那封信丢在了地上，狠狠地踩了几脚：“这个不讲良心的东西，真是个可恨的中山狼，竟然倒打一耙了。谁的行为不检点，哪一个举止轻浮，亏他还说得出口！”

母亲把胡蝶搂在怀里，爱怜地抚摸着：

“这事放在过去，可就是休书！”

“我看还是先跟他讲清楚再说吧，不管怎么说，我们在一起相处了那么长的时间，应该会把误会消除的。”胡蝶抬起了她那张如雨带梨花的泪脸，望了望父亲说道。

长期走南闯北的胡少贡不知见过多少人情变故，此时他见胡蝶还对林雪怀抱着幻想，气得用力一拍桌子道：

“还有什么可讲的，这个姓林的，屁股还未翘我就知道他要拉什么屎，他这是明摆着向你要挟！”

“他要挟我？雪怀要挟我又有什么用呢？”胡蝶不解地望着父亲说。

“还是年轻，没有见过什么世面啊！”胡少贡长叹一声，“这一点还看不出么，姓林这小子成天游手好闲不务正业，他现在被你管得紧紧地，当然要想法子把你制服住。你现在不是明星么，明星哪个不爱自己的面子，他就抓住你这个弱点对你进行讹诈，然后让你不敢管他，让你乖乖地供钱给他在外面花天酒地胡作非为。”

胡蝶擦了擦脸上的泪水，说：

“我想雪怀不像是那种不讲情义的人，这也许是我们之间存在着一些误会，才使他一时冲动写出这封信来。还是让我先给他写封信吧，把误会解释清楚……”

胡蝶的信发出没过几天，很快就收到了林雪怀的回信。

林雪怀在信中丝毫不肯让步，没有半点缓和的意思，他称和胡蝶已经恩断义绝，惟有解除婚约方能求得解脱等等。

至此，胡蝶才清醒地意识到她和林雪怀所有的一切都已经走到了尽头。过去的那些笑语盈盈的往事已随风飘去，过去的那些恋情已经烟消云散。一切的一切都成为一场酸楚的回忆……

可是这些为什么来得是这么快，快得她根本就没有一点喘息和思考的机会，难道是自己注定要经受这场劫难么？

不知为什么，当一切成为既定事实的时候，胡蝶并没有感到那样悲伤，也许是该流的泪水早已流干了吧。痛定思痛，胡蝶反而有种解脱后的轻松感。

为了顺利解除婚约，胡蝶聘请了当时在上海最有名气的詹纪凤当她的辩护律师。

詹纪凤在对胡蝶和林雪怀的情感纠纷经过了解后，有了胜算的把握，他向胡蝶提议，先向林雪怀提出解除婚约的条件，并对林雪怀所欠的款项进行追讨，以减少经济上的损失。然而，此时的林雪怀却一反常态，他对胡蝶的各种提议充耳不闻。

林雪怀后悔了。

他当初向胡蝶提出解除婚约的要求，跟胡少贡所估计的一模一样，他只不过是想借此要挟胡蝶，让她以后不敢再管他的事情而已。他预料到像胡蝶这样的明星都很看重名声，哪里想得到她会撕破了脸面和他对着来。这一下林雪怀猝不及防。

方寸大乱的林雪怀只求胡蝶能够像以前那样软下心肠不再向他发难，他已是感激不尽了，哪里还敢有半点动作？

针对林雪怀的这种情况，詹纪凤又向胡蝶提议：干脆一纸诉讼将林雪怀告上法庭，告他无故解除婚约，这样一来，自己就占了主动权。

“让我去告林雪怀？”胡蝶从来没有想到过这一层。

“事已至此，也只有这样，才能够挽回胡小姐作为女明星的面子了。”詹纪凤不假思索地说。

“到了这个地步，也只有与他公堂上相见了。”胡蝶轻轻地叹了一口气说。

从相爱到分手，从分手到对簿公堂，这一切来得是这样的快，胡蝶此时心里真说不出是种什么滋味。但是此事已是箭在弦上，不得不发了。

最后，胡蝶在詹纪凤的授意下，将一纸诉状递到了上海地方法院。

上海的新闻界听说“胡蝶情变”，齐齐地把目光投向了胡蝶。

胡蝶此时已是上海滩家喻户晓的当红明星，人们对明星的隐私本来就充满了兴趣，要是能够把她与林雪怀分手的原因抖落出来，那该是多大的卖点？

一时间，上海滩各大报纸纷纷刊出胡蝶情变的文章。还未开庭，一些无风三尺浪的小报记者更是将此事大肆渲染，唯恐天下不乱。

在 1931 年，胡蝶情变是上海滩最能引起人们关注的一大新闻。

对簿公堂

2 月 28 日 10 时许，一辆小轿车驶到了地方法院的门口，胡蝶在父亲胡少贡和律师詹纪风的陪同下来到了法庭。

胡蝶一行刚下轿车，就被蜂拥而来的记者围住了，记者们纷纷拿着相机对着胡蝶不停地按动着快门，有这么好的直面当红影星的机会，他们当然希望能够捞到第一手的采访资料了。

"胡蝶小姐，你对今天的开庭有胜算的把握吗？"

"胡小姐，听说你和林雪怀先生已经相识了好几年，但是到现在你们一对情人却要在公堂上相见，面对此次情变，不知胡小姐心中有何感想？"

……

胡蝶没有想到在这种场合下会面对那么多记者的长枪短炮，她的心中当然会有不少的感慨，只是现在不是说话的时候。

不管怎样，公堂相见总不是一件令人开心的事情，她和林雪怀分手是两个人之间的事，她不想将各自那些不愉快的情节向媒体披露。分手也是一种解脱，她只想平平静静地了结这场早该结束的情史。所以，胡蝶对所有记者的提问，都是保持着一副矜持的面孔，她以沉默来回答他们。

偌大的法庭里面座无虚席。当胡蝶在原告的位置上坐定后，只见所有人的目光都齐刷刷地射了过来。

今天开庭，胡蝶虽然料想到有人来旁听，但一下子暴露在这么多人的目光下，还是胡蝶始料未及的。真是树欲静而风不止啊！而今日如此一闹，不知那些报纸的记者又会写出多少奇谈怪论的文章去招徕读者了。

与胡蝶的心情不同的是，她的律师詹纪凤面对如此之大的场面，心里不由得好一阵兴奋，这可是扬名立万的大好时机！若能帮胡蝶打赢这场官司，我詹某还不成了全上海滩首屈一指的大律师了。

詹纪凤心里虽然这样想着，但他的表面看起来显得十分平静。他知道，林雪怀所聘请的那个鄂森也不是个等闲之辈，不知道他会给林雪怀出什么样的阴招呢。

对簿公堂，最重要的是随机应变、临场发挥，稍有差错的话，一步走错就会满盘皆输。想到这里，詹纪凤悄悄地对胡蝶说：

“在法庭上关键是要沉着冷静，等一下法官向你提问时一定要小心应付，若有不好回答的问题时，可以看我的脸色行事。”

胡蝶还是第一次上法庭，她当然只能听从律师的吩咐了。

没过多久，林雪怀和他的律师鄂森也来到了法庭。

胡蝶忍不住向林雪怀看了一眼，两人的目光刚一接触，就随即散开了。仅仅是这一眼，胡蝶就从林雪怀的目光中看出他有种躲避和怯场的心虚。他的目光闪烁不定，难道是他的底气不足么？

胡蝶想的没错，林雪怀这一天是万不得已才来到法庭的，他根本就没有想到胡蝶会给他来这一招。然而，木已成舟，开弓没有回头箭，林雪怀已经不可能回到从前了——这一切都由他引起，他又能说些什么？

当初他之所以提出解除婚约，无非是想给胡蝶一点颜色看看而已，他料想胡蝶已有那么高的身份，她绝对不会让自己给“休”掉的，为了保存她的脸面，她肯定会苦苦地哀求自己，到时候自己乘机向她提出条件来，她还不是要将大把大把的银子送到自己的手里来，供他在外面花天酒地？那可是一箭双雕、一石二鸟之计啊！

然而，让他没有想到的是，胡蝶这个小女子竟然主动向他挑战了！

这样一来，林雪怀的全盘计划就被打乱了，这真是搬起石头砸自己的脚，林雪怀在心里叫苦不迭。

自己为什么就没有想到这一层呢？说不定她早就有了这个心思了，而自己却又白白地送给她这么好的一个机会……

按照规定，有过错的一方应该赔偿对方的损失，法庭上讲究的是证据，那些小报的子虚乌有的文字又何以为据？

相反，胡蝶告他毁约却是铁证如山。自己本来就是靠胡蝶打发的一些钱来过日子，哪里还有钱来还给她？

真是悔不当初啊！可是现在自己把自己赶上了架，万般无奈，他也就只好硬着头皮上法庭了。

"不要慌张，就按我们事先说好的办，她一定像老虎吃刺猬一样无处下口。那样的话，即使她是明星，又能奈你何？"鄂森给林雪怀打着气。

大约在11点的时候，在全场听众望眼欲穿的等待中，法官和书记官等人才出现在人们的视线中。

法官坐定后，宣布正式开庭。

按照惯例，法官在讯问了原告和被告各自的基本情况后，开始切入正题。

法官首先讯问原告胡蝶："原告，你为什么要对林雪怀起诉？"

胡蝶目光平视，吐词清楚地背诵着事先准备好的诉词：

"因为林雪怀平白无故地要求解除婚约，本人因此要求他归还我的各种款项，这其中有代借现款及被告欠本人公司贷款等项，合计总共约1800元。另外，因被告无端要求解约，令本人名誉受损、精神痛苦，所以要求被告赔偿损失费1500元。"

"原告这1500元的损失费可有计算依据吗？"法官问胡蝶道。

“本人与林雪怀订婚已长达三年，他若要解约的话，可以早些时间提出来。作为一位女人，她生命中最为宝贵的是她的青春岁月。岁月的流逝，对女人来说是难以用金钱计算的。现今林雪怀突然无端向本人发难，本人为了个人声誉着想，提出这区区的1500元损失费，是给了被告莫大的面子，假如要多了的话，被告可能无法负担。”

胡蝶最后的这句话，无异于是揭了林雪怀的短。林雪怀的脸上像是被人扇了一耳光一样，羞得无地自容。听众席上的人们也哄的一声笑了起来。

法官敲了几下法槌，制止了听众的喧哗。接着法官开始问林雪怀：

“被告，你和原告确实存在婚约关系吗？”

林雪怀被刚才胡蝶所说的话搞得心乱如麻，他像一只斗败了的公鸡一样答非所问地说：

“原告控告我，实是别有用心……”

林雪怀狼狈的窘态再次引起了听众的笑声。法官一敲法槌，再次问林雪怀道：

“请被告回答法官的问题。”

“是存在着婚约关系，我们是1927年3月22日订的婚。”

“是你主动提出解除婚约的吗？”法官又问林雪怀道。

林雪怀最为担心的问题终于出现了，如果自己一旦承认的话，那么自己将会一败涂地，因为他实在没有摆得上桌面的理由提出解除婚约。好在对于这一点，他的律师鄂森早就替他想好了，现在法官提了出来，他便做出一副忏悔的样子说道：

“是我主动提出解约的，不过现在对于这件事我希望能够得到胡小姐的谅解，当初提出的解约，现在想来只不过是一时的冲动之举。胡小姐作为演艺界的明星，出外交际应酬是避免不了的，我因一时之气才显得不够理智，这件事情已经过了这么久，所以我诚恳地希望能够与胡小姐重归于好。”

林雪怀此言一出，不禁让听众们大跌眼镜，特别是那些企图在法庭里挖到隐私材料的记者们更是大感失望。谁会想到这个林雪怀一上来态度竟然会来个180度的大拐弯。

“据说你当初一定要坚持解约，这又是为何？”法官继续问林雪怀。

林雪怀看到听众的反应，他已克服了当初的那份紧张，法官的问题是他们早就想到过的，于是林雪怀不慌不忙地回答道：

“那是因为我忍受不了胡小姐的气，胡小姐自成为大明星后，她的架子越来越大，脾气也越来越不好了……”

胡蝶几乎不敢相信自己耳朵，她真不敢相信林雪怀会说出这样的话来。自己这几年来一如既往地对林雪怀关怀备至，从来没有像其他的小女人那样在男人面前耍脾气使小性子，不仅如此，她还时常像哄小弟弟一样地哄着林雪怀，自己何曾在他的面前摆过大明星的架子？可是现在林雪怀竟然如此不负责任地乱说一气，真可谓恩断义绝了……

这时，法官又问胡蝶道：“原告，你说被告无故解除婚约，有证据吗？”

“这里有被告要求解除婚约的两封书信。”胡蝶答道。

詹纪凤将林雪怀的书信递给法官，法官看过之后，对林雪怀说道：

“原告控告被告无故解除婚约成立。那么被告，原告指控被告所借的款项是否属实？”

“断然没有这么回事！”林雪怀道，“我不仅不欠胡小姐一分钱，反而我在胡小姐的公司里上班的薪水胡小姐一直到现在分文未付。胡小姐怎么说也算得上是大明星，不知道她为何对此事斤斤计较，大概是想乘此机会大敲一笔钱财吧。如果胡小姐能够出示相关的证据的话，我自会赔还给她。”

林雪怀侃侃而谈，倒像他根本没有用过胡蝶一分钱似的。

在这个节骨眼上，林雪怀当然要对钱财一事严把“嘴”关，他知道胡蝶是再也不会和他在一起了，他们之间的一切恩恩怨怨会在这里用法律的手段来作个了断，他总得把那些钱财留住一点吧，要不然赔了夫人又折兵，那岂不是太惨了。

詹纪凤见到林雪怀这副死猪不怕开水烫的嘴脸，连忙呈上一本支票簿的存根，逐一指出林雪怀所借款项，其中最大的一笔是 660 元，林雪怀领了这笔钱后，当天在银行里用自己的名义存了下来。

“既然胡小姐称林先生在你的手中借了钱，那么请胡小姐出示相关的证据。”林雪怀的律师乘机向胡蝶发难。

他知道林雪怀根本就没有给胡蝶打过什么借条之类的凭证，所以认为这是一个反击的大好机会。

“这个吗……”胡蝶顿了顿说，“由于当初我们是未婚夫妻的关系，所以没有要求对方写过借条之类的收据，不过我所说的这些都是事实所在。”

鄂森轻轻地笑了一下说，“胡小姐，在法庭上是只讲究证据的，没有证据的话一切都是无稽之谈。”

对于借钱一事，双方各执一词，各说各的理，一时还难以判决。

法官便将此事暂且放在一边，转而审理胡蝶所要求的损失赔偿一事。

当法官问林雪怀对此有何要求的时候，只见林雪怀不慌不忙地说道：

“我刚才已经说了，我先前所提出解约一事只不过是一时的冲动而已。我现在只想撤回解约与胡小姐重归于好，这对于胡小姐又有什么影响呢？如果现在解约的话，胡小姐已经占了主动，是胡小姐提出来的，按照胡小姐的逻辑，我应该向她要求赔偿才是。再说，胡小姐和我不存在夫妻关系的话，她一样可以演电影，一样可以谈恋爱，还可以得到更多男人的追求，她又何来的损失呢？”

胡蝶望着林雪怀那双上下翻飞的嘴唇，她真不敢相信那些话是从她曾深爱的情人的口中吐出来的。即使做不了夫妻，也不至于闹到如此绝情的地步啊！可是，现在还有什么情面可讲么？如果说在开庭的时候胡蝶看到他那副沮丧的模样还动了恻隐之心的话，那么现在胡蝶在心里已经彻底地改变了对林雪怀的看法。她此时只觉得林雪怀是那么的令人感到厌恶。

法官见林雪怀要求收回解约，于是便建议胡蝶和解。

这时，全场一片寂静，人们都在等待着胡蝶的决定。

胡蝶此时对林雪怀已经没有半点幻想，恩已断、义已绝，她和林雪怀之间还有什么好讲的，他们不要说做夫妻，就是朋友也无法做下去了，他们只会成为形同陌路的路人。

想到这里，胡蝶努力让自己的心平静下来，她一字一句地郑重声明道：

“两情相悦，方能白头偕老，男女之间的婚姻大事，岂能如同儿戏，事已至此，我同被告之间再无任何情感可言。在这里，我要声明的是，我不可能与被告一起生活下去，只有解除婚约才是我们各自最好的出路。”

有鉴于此，法官只好宣布一月后再行审理。

胡蝶此时方才感到有一种近似虚脱的疲惫，这一个多小时的唇枪舌战，真比她演戏还要累，她真想找个可靠的地方好好地休息一下。

这一番较量，让胡蝶的律师詹纪凤感到对方的律师比他当初想像的要难对付得多。

针对胡蝶的要求，林雪怀以退为进步步为营，确实算是老谋深算了。首先，林雪怀为了逃避经济上的损失，主动将解约说成是一种误会，这样一来的话，他就不存在“无端解约”的过错；其次，林雪怀利用当初他借钱时没有立下字据这一点，来个死不认账；再有，林雪怀要求和解，而胡蝶却要求解除婚约，那么她所谓的损失费也就无法成立。由此看来，林雪怀所聘请的律师确非等闲之辈，要想打赢这场官司不是一朝一夕的事……

詹纪凤分析了对方律师的意图后，心里做好了打一场持久战的准备。他把想法告诉了胡蝶，胡蝶没有想到这场官司会变得越来越复杂，她只有让詹纪凤全权处理这件事了。

没过多久，即这一年的 3 月 15 日，由胡蝶主演的中国第一部有声电影《歌女红牡丹》在上海新光大戏院首映。

影片一经首映，便立即在上海滩引起了轰动。各地的影剧院和南洋的片商也竞相购买拷贝。

当《歌女红牡丹》在上海的各大影院放映时，上海的大街小巷贴满了胡蝶的画像。然而，此时胡蝶的心里并没有多少成功的喜悦。她虽然在表面上看起来若无其事，然而性情中人的胡蝶在内心里还是觉得有种难以言说的伤痛——特别是在独自一人静处的时候——过去的那一幕幕还是会随时随地闯入她的脑海里。

那梦一般的初恋，那第一次在害羞中的初吻，那第一次颤栗的拥抱，那第一次互诉衷肠的表白……胡蝶努力让自己不去想它，可是初恋最难忘啊，重情多感的她又怎能忘记得掉?

却说那林雪怀在第一个回合的较量中“小胜”了一把，他的胆子渐渐大了起来，先前那种怯弱也不复存在了。他在心里不得不佩服律师鄂森的高明。

为了在下一次较量中站稳脚跟，他接受了鄂森的建议，决定继续走先前的路子，一如既往地向胡蝶兜售他的糖衣炮弹。他假惺惺地向胡蝶写了一封求和信，言之切切地承认了自己过错，恳求胡蝶能够原谅他，希望胡蝶能够给他一次机会，让他们破镜重圆、和好如初。

林雪怀的这封信通过他的律师转到了胡蝶的手中。胡蝶看罢林雪怀的信后，将信中的内容告诉了她的律师詹纪凤。詹纪凤很明确地跟胡蝶说，林雪怀的目的无非是抓住了女人心理的弱点，他忏悔是假，企图逃避欠款是真，对待这种人坚决不能手软。

詹纪凤的分析同胡蝶的判断一样，她早已对林雪怀死心了，现在林雪怀的这种姿态更是让她恶心。如果林雪怀还像以前那样坚持自己的观点的话，她还会在心里认为他像个男子汉。可是现在的林雪怀像个小女人那样翻手为云、覆手为雨，只会让她更加看不起。

胡蝶觉得林雪怀的心理严重存在着某种缺陷，他的灵魂是灰暗的，他的人格是扭曲的。这样的人即使是真心悔过，她也不会再爱上他。更何况，他的悔过还包藏着中山狼的野心。

“要痛打落水狗，”詹纪凤斩钉截铁地说，“对付这种小人绝对不能手软！不然的话，不但债务得不到偿还，而且连婚约解除都会有很大的困难。”

“那我们该怎么办呢？”

“给他复信，措辞要激烈，要给他一种透不过气来的感觉。”

于是，胡蝶和詹纪凤及父亲胡少贡商量后，决定由胡蝶执笔，给林雪怀回一封坚决要求解除婚约的信。

胡蝶在信中历数了林雪怀的劣迹，并且一针见血地指出，林雪怀所做出来的姿态无非是想博取她的同情心，从而逃避债务而已。

在等待第二次开庭的时间里，詹纪凤正在四处搜集林雪怀借款的证据。而此时的胡蝶只觉得心里累得要死，经济上的损失她已不想再作计较了，只想早早地结束这场官司，摆脱婚约的羁绊。

三番血刃

终于等到了第二次开庭的这一天。

胡蝶在这短短的十几天中，只觉得度日如年，她实在不想和林雪怀这种人再耗下去了。她的时间是宝贵的，和林雪怀拼时间实在太不值得了。

开庭了，法官问胡蝶：

“经过上次的庭审后，不知道你们有没有私下和解的意向，原告请回答。”

“被告道德沦丧人格低下，本人实在无法和解，请求法官从速判决。”胡蝶不假思索地说。

“那么原告对此次开庭有何诉讼要求？”法官再次问胡蝶道。

“本人今天只求解除婚约而已。”

坐在胡蝶旁边的詹纪凤见胡蝶一下子主动放弃了那么多的要求，急忙小声地对胡蝶说："你说得太快了，怎么不把其他的要求也一并提出来呢？"

"我只想早早地结束这一切，至于钱财方面的事情我已无心再去考虑了。"

林雪怀此时见胡蝶只求解除婚约，连以前的债务要求也不提了，他不禁得意起来：

"我觉得胡小姐要求解约似乎不是出自她的本意，所以我仍然不同意解约。"

如果说胡蝶在一开始犯了急于求成的错误的话，那么林雪怀这句话，无异于将到手的一大笔钱财又拱手送了出去。

本来，他如果就坡下驴地同意胡蝶的要求的话，那么他和胡蝶所有的经济账也就一笔勾销了，可是他在得意忘形之中，早就把自己和律师商量好的对策抛到九霄云外去了。

胡蝶这边律师的詹纪凤连忙抓住有利时机，对林雪怀进行了有力的反击。

而胡蝶在法官第二次问她对诉讼有何要求时，胡蝶又将其他的条件都提了出来。

对于胡蝶要求赔偿钱财一事，因为个中的环节颇多，所以第二次开庭依然没有结果。

一直到当年的7月初，法庭第三次开庭时，胡蝶和詹纪凤请出了明星公司的老总张石川出庭作证，才将林雪怀一举击败。

至此，这场长达一年的诉讼才宣告结束。

终于得到解脱了，当法官在法庭里宣读了判决后，胡蝶真正地感到了一种从未有过的轻松。当着那么多人的面，她的泪水不经意地流了下来……

是的，对于胡蝶来说，在她情感的天空里，冬天已经走了，春天还会远吗？

少女的处世之道

[1]

让我们先来回想一下胡蝶第一次见到女明星张织云时的情景：

“哟，原来是陈老先生的高足，又是科班出身，这样的人以后在电影界可是前途不可限量啊。”张织云夸张地叫了起来。

张织云带刺的话让胡蝶发起窘来，她一时站在张织云的面前不知怎么开口才好。也难怪，毕竟她还只是一个十七岁的女孩子，而张织云已是一名当红的电影明星了。

胡蝶看着张织云，觉得她的架子端得确实有些离谱，明星又怎么啦？明星就应该高人一等么？在胡蝶的眼里，她认为电影明星与平常人本来就没有什么两样，她想起父亲对她说的那句话：在人格上，贩夫走卒与达官显贵是平等的。张织云的那种故意露出来的做作让她感到有些反感。

尽管这样，出于对心中偶像的礼貌，胡蝶还是很恭敬地对张织云说：“张小姐你好，很高兴能够在这里见到你，我很喜欢看你主演的电影，你是我崇拜的偶像。”

此处显示出胡蝶典型的“绿色性格”：低调自谦，与世无争，处事不惊，天性宽容，耐心柔和。

[2]

胡蝶情窦初开，经常走神思念林雪怀时，她又会在心里嘲笑起自己来：

胡蝶，你可不能儿女情长啊，你的目标是当一名电影明星，至于爱情，命中该有一定会有，该来的时候它一定会来临的。

此处显示出胡蝶典型的“黄色性格”：目标明确而远大，坚定自信，且能快速决断，以及为了大目标而宁愿放弃小目标的实用主义哲学。

[3]

胡蝶为要不要离开天一公司而举棋不定。

“古人常说滴水之恩，当涌泉相报，我现在如果一走了之的话，于情于理似乎有些说不过去。”

“女人真是头发长，见识短，妇人之仁，何以成就大事！”林雪怀见胡蝶顽固得不可理喻，气呼呼地回他的酒楼里去了。

胡蝶还是感到左右为难。在她的内心里，她是想早日进入明星公司的，只是她想到天一公司的邵先生对她一直不薄，而且现在她又是天一的台柱，她要是一走了之的话，天一公司肯定会受到一定的影响。

胡蝶是一个颇讲职业道德的演员，虽然她知道邵先生是一个宽宏大量的人，但自己若真的提前退出的话，胡蝶一时还真有些于心不忍。

此处显示出胡蝶典型的“绿加黄”的性格特征：一事当前，先为他人着想，宁可天下人负我，我不负天下人的绿色性格；加上目标明确，求胜心切的实用主义。知道应该做什么并不重要，重要的是找准时机；一旦时机成熟，便快速决断，决不拖泥带水。

[4]

当胡蝶接到林雪怀的“休书”时——

“我看还是先跟他讲清楚再说吧，不管怎么说，我们在一起相处了那么长的时间，应该会把误会消除的。”胡蝶首先想到的是误会。

胡蝶的父亲却不以为然：

“还有什么可讲的，这个姓林的，屁股还未翘我就知道他要拉什么屎，他这是明摆着向你要挟！”

“他要挟我？雪怀要挟我又有什么用呢？”胡蝶不解。

“还是年轻，没有见过什么世面啊！”胡少贡长叹一声，“这一点还看不出么，姓林这小子成天游手好闲不务正业，他现在被你管得紧紧的，当然要想法子把你制服住。你现在不是明星么，明星哪个不爱自己的面子，他就抓住你这个弱点对你进行讹诈，然后让你不敢管他，让你乖乖地供钱给他在外面花天酒地、胡作非为。”

胡蝶擦了擦脸上的泪水，说：“我想雪怀不像是那种不讲情义的人，这也许是我们之间存在着一些误会，才使他一时冲动写出这封信来。还是让我先给他写封信吧，把误会解释清楚……”

此处反映出胡蝶典型的“绿色性格”：一事当前，先想自己的过错，先检查自己的责任。天性宽容，耐心柔和，先人后己，甚至有点胆小怕事。

[5]

在法庭上，当胡蝶认清林雪怀的无耻后，对林雪怀已经没有半点幻想，恩已断、义已绝，他们不要说做夫妻，就是朋友也无法做下去了，他们只会成为形同陌路的路人。

胡蝶毅然决然，一字一句地郑重声明道：

“两情相悦，方能白头偕老，男女之间的婚姻大事，岂能如同儿戏，事已至此，我同被告之间再无任何情感可言。在这里，我要声明的是，我不可能与被告一起生活下去，只有解除婚约才是我们各自最好的出路。”

此处反映出胡蝶典型的“黄色性格”：目标明确，求胜欲强，坚定自信，快速决断。为了解除婚约的大目标，她甚至主动放弃了向林雪怀索要巨额债务的小目标，体现了不得贪胜、舍小就大的积极实用主义的战略思想。

[6]

事后，胡蝶认真总结和反省了自己与林雪怀的关系：

为解约之事，胡蝶固然出于无奈，但她自己还是有责任的。首先是交友不慎，又仓促订婚，将婚姻这关系到终身幸福的大事处理得过于草率。

其次，在发现林雪怀堕落且不听劝阻时而毅然斩断情思，这无可指责，但选择的方法对于胡蝶而言并不是最好的。在林雪怀最初解约之时，胡蝶本来是可以不必通过诉讼而顺利解约的，无非是不能出心头之气，不能追回债务，还得担一个被“休”的恶名。

出气、债务和名声这三者中，胡蝶最看重的是名誉，其实，通过报刊或其他途径澄清事情原委也不是做不到，林雪怀毕竟劣迹昭彰，胡蝶则一直洁身自好，朋友熟人自有公论，并不怕名誉有何受损。

至于为了追回债务，胡蝶更不值得打这场官司，长达一年的诉讼，费时费力，精神备受折磨，还得向律师支付一笔可观的费用，所换来的也就是两千余元的债权，也就是胡蝶两个月的薪金，且林雪怀一时无钱可还，何日能够追回，不得而知。

吃一堑，长一智，这场婚约官司除了让胡蝶挣脱了婚约枷锁和明确了债权之外，胡蝶本人还是有很大收获的。一是对社会、舆论、为人之道等方面的认识又深了一个层次；二是为今后结识新的男友、处理婚恋大事积累了宝贵的经验。

胡蝶与张学良

“天空的云是怎么飘，地上的花是怎么开，我从来不明白……”

胡蝶以出世的心态积极地入世，体验世事的苍茫而又能淡定从容，在每一次大事临头时能沉着应对，兵来将挡、水来土掩。

胡蝶“绿加黄”的性格特征，使她显得稳定低调：多做实事，少谈主义，甚至没必要去明白很多，因为很多事情我们无法改变，不如考虑改变我们自己显得更为明智、也更为实用。

《自由之花》

自从胡蝶主演的中国第一部有声片《歌女红牡丹》获得巨大成功后，上海

20世纪30年代，女明星胡蝶穿凤仙装的造型。

电影界之间的竞争愈演愈烈。就在明星公司拍摄《歌女红牡丹》的同时，它的竞争对手天一公司也紧跟着拍起了有声电影，明星公司越来越感到来自对手各方面的压力。

为了重振明星的雄风，明星公司的巨头之一郑正秋审时度势地提出了明星必须走“高、精、尖”的发展路线，只有这样，明星才能成为雄霸上海滩的王牌电影公司。

于是，明星公司决定花大力气拍出一部大制作的电影。

《自由之花》就是这样诞生的。这部影片在1933年被中国教育电影协会评为优秀影片，并于同年送往意大利万国电影赛会参赛并获奖。胡蝶在这部影片中饰演小凤仙，她本人认为这是她从影以来拍摄的比较有意义的一部电影。

明星公司首次派出外景队北上北平，进行《自由之花》的实景拍摄。为了减少制作成本，张石川决定同时拍摄一部以北平为背景的电影，经过一番研究后，张石川选中了张恨水的《啼笑姻缘》。

《自由之花》和《啼笑姻缘》皆由胡蝶担任女主角。同时演两部电影，对于胡蝶来说是比较累的，但喜欢挑战自我的她，心里还是觉得无比兴奋。

只是这个时候的胡蝶怎么也没有想到，她在北平会惹出一身祸来。

1931年对于胡蝶来说，真可谓既是运交华盖，又是流年不利、多灾多难的一年。

话说胡蝶这一行人马未到北平之前，明星公司的编剧洪深等已经先期到达北平，为外景队做前期的准备工作。

洪深为明星公司租了一套休息的房子，并且为明星在北平的拍摄工作进行了宣传。当胡蝶一行到达北平火车站的时候，受到了北平影迷的热烈欢迎。明星公司的人员没有想到离开了上海后，还会受到这种礼遇，所以无不感到欢欣鼓舞。

在正式开拍前，张石川和洪深因为要实地选取影片中的场景，所以开始的那几天显得比较轻松，那些初次来到北平的演员们便乘这个机会到北平的名胜古迹游玩了一番。

胡蝶也回到她从前住过的那条胡同里，算是圆了她重拾童年的梦的愿望。

就在明星外景队准备开机的前一天中午，外景队驻地来了一位稀客，他就是明星公司此番到北平要拍摄的《啼笑姻缘》的小说作者张恨水。

提起这位张恨水，他可是中国现代作家中的一位奇才。恨水乃是他的笔名，据说他这个笔名是从南唐李后主李煜的诗句“自是人生长逝东恨水”中搬来的。张恨水是一位名副其实的高产作家，在他的创作鼎盛时期，他凭借手中的一支笔，养活了几十口人的大家庭。不仅如此，许多报刊因为刊载他的小说才能够得以生存。张恨水的高产至今尚无人能及，他一生创作了三千多万字的作品，被誉为海内第一的高产作家。

在这之前，胡蝶早已拜读过张恨水的《啼笑姻缘》，这一次她将在影片中扮演大家闺秀何丽娜和唱大鼓的卖艺姑娘沈凤喜两个角色。这两个角色中的人物性格有很大的反差，胡蝶还在火车上时就一直琢磨着怎样演好剧中的角色，现在小说的原作者来了，胡蝶当然不会放过向作者讨教的好机会。

张恨水其时正是创作上的黄金时期，当时只要是看报纸的人几乎没有几个没读过他的小说的。胡蝶也读过张恨水的好几本小说，她早已从内心里对张恨水这样的大作家佩服之至；而张恨水也看过胡蝶的不少电影，这二人也算是彼此神交已久的朋友了。

张恨水对由胡蝶来主演他小说中的主要角色很是满意。张恨水听了胡蝶的提问后，耐心地向她讲解了小说中主人公的生活环境、个人性格和兴趣爱好。有了原作者的解说，胡蝶自然能够更好地把握人物的内心世界，为她演好这一角色增添了更加充分的信心。

胡蝶的勤奋和敬业精神给张恨水留下了深刻的印象，后来张恨水有一段描写胡蝶的文字，可谓是入木三分：

> 胡蝶为人落落大方，一洗儿女之态，与客周旋，言语不着边际，海上社会，奇幻百出，为女明星者，不容不交际。而交际又系畏途，胡不得已，遂与潘某订婚，但不结婚，如此可以随意至交际场所，且来去自如，了无挂碍，人亦有所顾忌，而不敢以不屑之情相处者。胡真情明练达之人哉，言其性格则深沉，机警爽利而有之，如与红楼人物相比拟，则十之五六若宝钗，十之二三若袭人，十之一二若晴雯。

小说家张恨水以他作家的敏锐目光为胡蝶写下了这段文字，应该是颇有几分传神的。

胡蝶后来随着名气越来越大，少不了在外面有一些应酬，聪明的胡蝶很是善于辞令，作为一位公众人物，她不得不保持着她的世故和机智。这应该是一个明星应该具备的社交技巧，但是张恨水说胡蝶爱上潘有声乃是不得已而为之，这句话颇有深意，且耐人寻味，不能简单的归结于是作者发挥了小说家的那种想象力吧。

大凡做生意的人都有些迷信，明星公司的张石川也不例外，为了讨得一个好兆头，张石川决定于十八号开机，取要得发不离八之意。

开机的那一天，明星公司在北京的中山公园同时开拍《自由之花》和张恨水的《啼笑姻缘》。届时不少记者和观众都聚集在中山公园里，他们都想亲眼目睹一下胡蝶拍戏时的风采。

胡蝶没有让这些粉丝们失望。一进入拍摄现场，她就很快地进入到角色之中。对于演戏，胡蝶向来都是抱着一丝不苟、精益求精的态度。只见胡蝶一会是一位深明大义的风尘女子，一会是一个穷苦纯洁的卖唱姑娘，一会又是一位出身富家的名门佳丽，这三个不同的角色胡蝶都把握得栩栩如生、惟妙惟肖，让在场的粉丝们在叹为观止之中大饱了眼福。

接下来的几天，外景队辗转于北海公园和颐和园。北海公园是北京城景色最为秀丽之地，湖面微波荡漾，波光粼粼，白塔高耸，倒映于水，异常秀美，更兼有九曲桥、九龙壁等景点和仿膳的名点美食，令人流连忘返，于如此仙境拍戏，虽然辛苦也不觉苦了。

相比之下，位于西郊的颐和园则显得冷清了许多，虽然园内昆明湖、万寿山的景色也很美好，但那些亭台楼阁画栋雕梁因年久失修，不免显出一些落寞凄凉的意味。

在拍完了市内景点的外景戏之后，外景地移师京郊西山，在此一拍就是一个多月。

深秋的香山，漫山红叶，蔚为壮观，叫人流连忘返。

胡蝶走在这如诗的西山中，不禁想起小的时候，爸爸曾带她来过这里，采摘那润新的红叶。

看到这如此美丽的景色，导演张石川也非常欣喜，洪深买来的有色摄影机可派上了用场，于是决定《啼笑姻缘》中的很多场景用有色摄影机进行拍摄。

其实，所谓有色影片，也是单一色的，可以是红色，可以是黄色，但各种颜色不能同时出现，所以并不是彩色影片。不过用红色来拍香山外景，较之黑白片，仍然增色不少。

在外景拍摄过程中，张石川又临时决定将《啼笑姻缘》由默片改拍为部分有声片，且由原定的上中下三集扩大为六集，每一集均有部分有色片和有声片，从而使该片“有声有色”。

此外，既已投下血本来北平拍外景，张石川也就尽可能地将北平著名景点尽量摄入片中，如西山八大处等等，这样，观众在看故事的同时，也欣赏到了北平的壮丽风光。

“明星”外景队在北京拍摄了将近两个月。当外景拍摄已近尾声之时，从上海方面传来了令张石川震惊的坏消息，气得张石川暴跳如雷。

常言道祸不单行，与此同时，另一个坏消息更是把胡蝶前所未有地推到了舆论的风口浪尖上。

《啼笑姻缘》

且说“明星”外景队在北京拍摄已近尾声之时，从上海方面传来坏消息：《啼笑姻缘》闹出了“双包案”。也就是除了“明星”正在拍摄该片外，另有一家公司也在同时拍摄此片。

民国时期，上海民新影片公司的工作人员合照。前排左起：龚稼农、黎民伟、林楚楚、张织云。后排：左三导演卜万苍、左五摄影梁林光。

双包案在中国电影史上并不十分稀奇，在古装片热潮中，两家公司拍片撞车，同拍一个故事的事就曾发生过。但自从南京国民政府成立、特别是电影检查委员会成立后，各公司所拍影片须呈有关机构检查核准颁发执照后方可拍摄上映，双包案也就绝迹了。

“明星”作为中国影坛首屈一指的大公司，平日就十分注意搞好与“电检会”的关系，“电检会”也不断地得到明星公司的好处，所以对“明星”也就另眼相看，大开方便之门，允许“明星”一边送审剧本，一边即可动手拍片，而不必等候拿到执照。

“明星”开拍《啼笑姻缘》本是仓促间决定的，为了要赶上《自由之花》的进度，一起赴北平拍外景，自然来不及等执照到手后再拍。他们仍沿用老办法，一边申办，一边拍摄，而且越拍摊子铺得越大——原来是作为《自由之花》的副产品，到后来则喧宾夺主了。

谁知这一回精明过人的张石川竟然让人钻了空子。

钻空子之人就是演艺娱乐界小有名气的顾无为，他依恃上海黑社会帮会头目黄金荣，经营着一家大华电影公司，与明星公司在竞争中结下了梁子。

当顾无为探知“明星”开拍《啼笑姻缘》却尚未领到执照，于是借助黄金荣的关系，迅速地从有关机构手中弄到了拍摄该片的许可执照，并组织人马，做出开拍的样子，同时在报纸上大肆刊登预告。

留在上海的郑正秋和周剑云得悉此消息后，感到事态严重，立即通知在北平拍外景的张石川，张石川闻后不啻晴天霹雳，不由大为暴躁，但好在外景戏的拍摄已近尾声，于是他决定，立即结束外景拍摄，分批返回上海。

“红颜祸水”

话说1931年11月中旬，张石川率“明星”外景队匆匆自北平赶回上海，准备处理《啼笑姻缘》双包案。

哪知外景队刚抵上海，劈面而来的却是另一场令明星公司、特别是胡蝶十分难堪的“丑闻”风波。

当时前来接站的明星公司经理周剑云一脸沉重，张石川一下车，便和他急切地谈起双包案一事。

“怎么回事？我们先拍片后办执照也不是头一次了，从来没有哪个公司敢跟我们叫板，他顾无为为什么故意跟我们过不去？”张石川生气地说道。

“石川，你要知道，顾无为是在报复我们呀，因为我们曾抵制过他的《雨过天青》。”周剑云回答道。

“顾无为是吃了熊心了吗？……”

“石川，这次可是上海滩头号流氓黄金荣在给他撑腰啊。”

……

这时，胡蝶从后面走了过来，恭敬地叫了声：

“周先生。”

周剑云看到胡蝶突然一愣，上上下下看了胡蝶一眼，莫名其妙地说了一句：“你可真行啊。”

胡蝶一愣，不知周剑云说的什么意思。正思忖间，张石川对众人说道：“大家各自回家休息吧。”

胡蝶顾不上思忖周剑云的话，她归心似箭，喊了一辆出租车便直奔家门。

胡蝶走后，张石川问道：“剑云，你刚才为什么那样对胡蝶，你话里是什么意思？”

“什么意思？你难道不晓得吗？”周剑云没有好脸色。

“到底怎么回事？”

“怎么回事，东北失守你们难道不知道吗？当时张学良在北京，你们是怎么跟他联系上的？”

“张学良，怎么回事？”

“胡蝶竟然在这个时候跟张学良在六国饭店跳舞！”

“这个……？”张石川一下子也愣住了。

却说胡蝶一进家门，便觉气氛不对。母亲坐在椅子上，眼睛红红的，似乎刚刚哭过，看见胡蝶，忙起身迎道："瑞华，你回来啦。"

胡蝶把行李搁在地上，问道："爸爸呢？我给你们买了很多东西。"

"你还有时间给我们买东西！"父亲在里屋恶声恶气地说道。

"怎么啦？"

母亲在一旁重重地叹了一口气，说道："你爸生气也难免，好好的你跟谁跳舞不行，什么时候跳舞不好？偏偏要找个'九·一八'的晚上，偏偏要跟那个张学良跳舞，你说你怎么那么糊涂。"

胡蝶诧异地瞪大眼睛，说道："你讲什么呀，我跟谁跳舞了？"

胡少贡把一叠报纸摔在胡蝶面前，恨恨地说道："你以为你在北京干什么事我们不知道呀，你自己看看吧。"

胡蝶拿起一张报纸，只见报纸头版上斗大的黑体字：

张学良的"九·一八"之夜。

看到这个题目，胡蝶十分诧异，心想：张学良的"九·一八"之夜跟自己有什么关系呀，但当她看了下文之后，才知大事不妙——

……民国二十年九月十八日夜，日本关东军发动大规模进攻，一路烧杀抢掠，无恶不作，东北三省之同胞陷入水深火热之中。而东北军之最高统帅张学良将军，彼时却正与红粉佳人胡蝶女士欢歌共舞于北平六国饭店……

胡蝶再翻其它报纸，都是这样题目的大标题：

《红颜祸国！》

《不爱江山爱美人！》

《东三省就是这样被丢掉的！》

……

胡蝶又气又急，她大声嚷道：“这根本不是事实！这是造谣，全是造谣！”说罢，便大声痛哭起来。

一旁的母亲见胡蝶伤心不已，也着急地说道：“这究竟是怎么回事呀？”

……

胡蝶是这样解释这件事的：

此时，距“九·一八”事件已有两个月。在这两个月中，日本侵略军在中国东北大举推进，烧杀抢掠，无恶不作，除了锦州、哈尔滨等少数城市外，东三省几乎尽沦敌手。

日寇的暴行，引起了全国人民的愤怒，而10余万东北军竟然不战而溃，眼睁睁地看着自己的家乡沦丧，自己的亲人受辱，更使国人气愤。推根及源，东北军不事抵抗的原因肯定在于其统帅张学良。

而张学良之所以不予抵抗，那是因为他受命于以蒋介石为首的南京中央政府制定的不抵抗战略。当国人将“不抵抗将军”的“头衔”牢牢地加在张学良身上之时，张学良有口莫辩。好在军队还在，留得青山在，不怕没柴烧，张学良渴望有朝一日能向日本侵略者讨还血债。

日本在兵占中国东三省大部地区之后，为瓦解张学良及其所部的斗志，也曾拉拢过张学良，但被张学良严词拒绝。对于张学良的存在，日本侵略军还是有所顾忌的，为了彻底搞垮张学良，同时转移中国人民的视线，日本特务们设计了一个暗箭伤人、造谣中伤的毒计。

用什么方法可以最快地搞臭张学良呢？熟谙中国历史文化的日本特务也知道，在中国要使一个名人的名誉扫地，最快捷的办法是从其私生活入手，其中又以男女关系最易得手。所谓自古红颜祸水，说的就是每个失败的英雄的身后，必定有一位包藏祸心的美貌女子。

具体到张学良身上，就是要“造”出这样一股“祸水”，使张学良背上这个黑锅从此抬不起头来，也使得中国人民的抗日怒火转移到张学良这位不抵抗将军的身上来，这是一个十分恶毒的一箭双雕之计。

此时，正值“明星”外景队开赴当时张学良疗病所在的城市——北平，其中的当红女影星胡蝶正好符合这个条件。

张学良

于是，经过精心策划，由日本通迅社煽风点火，四处散布，“九·一八”之夜，东北军统帅张学良与红粉佳人胡蝶欢歌共舞于北京六国饭店的传闻不胫而走。接着，传闻越发具体，有些报纸还“披露”出胡蝶与张学良如何由跳舞而相识，进而过从甚密，张赠胡以巨款等细节。

胡母听了胡蝶的解释，相信女儿并没有干这糊涂事，宽了心，便去准备饭菜。胡父也走回卧室，独自去思考这桩事件的来龙去脉。

不多久，胡蝶的男友潘有声来了。谈起跳舞之事，胡蝶含情脉脉地望着潘有声，说道：

“有声，你真的相信我吗？”

“瑞华，你这是说到哪里去了。我跟你交往的时间也不短了，我还不知道你的为人，你不要多虑。所谓清者自清，浊者自浊，此种捕风捉影之事要不了多久自然会水落石出，雨过天晴的。”潘有声坐在胡蝶身边，剥着一个桔子，坚定地说道。

胡蝶想了想说道：“有声，也许我应当在报纸上发表一个声明，把事情真相告诉国人。”

“登报声明也是一个办法，但我怕事情会越描越黑。”潘有声思忖着说道。

“那我们现在应该怎么办？”

“依我之见，不如静观事态发展，不到必要的时候，无须去分辩。”

胡蝶听完潘有声的一番话，觉得十分有道理，于是心情便稍稍安定下来。

然而，事情并非像潘、胡想象的那样会慢慢水落石出。新闻界特别是那些亲日的报刊更加变本加厉，不仅将胡蝶和张学良的照片并列报端，而且还造出张学良馈赠胡蝶十万巨款的谣言。义愤中的国人难免轻信，社会舆论对胡蝶的指责不绝于耳。

1931年11月20日，上海《时事新报》刊出广西大学马君武的两首打油诗：

赵四风流朱五狂，
翩翩蝴蝶最当行，
温柔乡里逞英雄，
哪管东师入沈阳。

告急军书夜半来，
开场管弦又相催，
沈阳已陷休回顾，
更抱佳人舞几回。

看到报纸上如此连篇累续地渲染，胡蝶和“明星”公司都感到了事态的严重性，他们觉得再也不能如此沉默下去了。

胡蝶流着泪对同事和朋友们说：

“我婚姻上的不顺利说到底不过是个人的事，可这回却要担当贻误国家的千古骂名！我被无辜地卷入这场政治风波中去，我必须站出来说话，我必须站出来说话！”

11月22日，胡蝶在《申报》上发表了题为《胡蝶辟谣》的声明：

蝶于上月为摄演影剧曾赴北平，抵平之日适逢国难，“明星”同仁乃开会集议，公决抵制日货，并禁止男女演员私自外出游戏及酬酢，所有私人宴会一概予以谢绝。留平五十余日，未尝一试舞场，不日公毕回申。

……日本新闻……其用意无非欲借男女暧昧之事，不惜牺牲蝶个人之名誉以遂其诬蔑陷害之毒计。查此次日本人利用宣传阴谋，凡有可以侮辱我中华官吏与国民者无所不用其极，亦不仅只此一事。惟事实不容颠倒，良心尚未尽丧，蝶亦国民一份子也，虽尚未能以颈血溅仇人，岂能于国难当前之时与负守土之责者相与跳舞耶？“商女不知亡国恨”是真狗彘不食者矣。呜呼！日本人欲遂其吞并中国之野心，造谣生事，设想之奇，造事之巧，目的盖欲毁坏副司令之名誉，冀阻止自回辽反攻，愿我国人悉烛其奸而毋遂其借刀杀人之计也。

胡蝶在此声明中可谓一语道破日本侵略者的阴谋，她的声明义正辞严，澄清事实，说明真相，并一针见血地指出日本新闻媒体造谣生事的险恶用心，最后奉劝国人切莫上当。此声明可谓是言词犀利的讨伐书。

胡蝶作为“明星”的台柱，其声誉与公司的声誉息息相关，张石川等也决不容许玷污胡蝶声誉的谣言肆意蔓延，就在胡蝶发表声明的同日，张石川率外景队主要成员也在《申报》以《明星影片公司张石川等启事》的形式发表声明：

胡女士辟谣之言尽属实情实事。同仁此次赴平……为时几近两月，每日工作甚忙，不独胡女士未尝违犯公司罚则而外出，更未尝见得张副司令之一面。今番赴平的男女职演员同住东四牌楼三条胡同十四号后大院内，每值摄片，同出同归，演员中更未尝有一人独自出游者。初到及归前数日或出购买物件，亦必三五成群，往返与偕，故各个行动无不尽知。同仁非全无心肝者，岂能容女演员作此不名誉之行动，尚祈各界勿信谣言，同仁愿以人格为之保证焉。

上述声明对遏止沸沸扬扬的谣传起到了一定的作用。但谣言总是有市场的，很多人对“跳舞事件”还是将信将疑，这个谣言跟随着胡蝶走过了近半个世纪。

胡蝶与杜月笙

胡蝶“绿色性格”的外表——稳定低调、与世无争、处事不惊、天性宽容、耐心柔和、小心谨慎，使她在与杜月笙斗智斗勇时不会得罪对方，相反会赢得他的好感，甚至化敌为友；

胡蝶“黄色性格”的内心——目标明确、坚定自信、抗压力强、随机应变、追求实用，她终于成功地达到化敌为友的目标，使杜月笙成了自己的合作伙伴，更是成了要好的朋友。

胡蝶

杜月笙

“黑吃黑”

胡蝶在北平的“跳舞风波”暂时缓和下来后，明星公司又马不停蹄地开始处理《啼笑姻缘》的“双包案”。

双包案在电影业刚刚在中国得到发展的时候时常发生，后来国民政府为了杜绝此类事件，成立了电影检查委员会。也就是说电影公司所拍摄的影片须呈电影检查委员会和内政部检查核准发放执照后方可进行拍摄上映，这样一来，双包案也就不可能发生了。

明星公司当时是中国电影界首屈一指的大公司，商业头脑极强的张石川对生意场上的一些交往自然会处理得滴水不漏，所以明星公司与电检会的关系相当好，电检会也经常得到明星公司的一些好处。由于有着这层关系，电检会就允许明星公司的剧本完成后，即可进行拍摄，至于执照自然会让他们补办。

这一次明星公司开拍《啼笑姻缘》也是这样，他们与电检会打了一下招呼后，即远上北平取景。没想到因为这一时的疏忽，却惹下这样大的麻烦。

与明星公司作对的是上海大华电影公司的老板顾有为，他依仗着上海滩第一黑帮教父黄金荣作为后台，也在上海的电影市场分一杯羹。在这之前，顾有为曾拍摄过一部有声片《雨过天晴》，此片因为是在日本拍摄，当时正赶上全国各地发生着抵制日货的风潮，所以该片放映之时十分冷落，明星公司也参与到抵制《雨过天晴》的活动中，这样一来就与顾有为结下了梁子。

顾有为心里对明星公司存在着怨恨，早就想伺机报复明星公司，只是一直苦于没有下手的机会。这一次他打听到明星公司拍摄的《啼笑姻缘》并没有得到电检会的执照，觉得这是一个报复的大好时机。顾有为通过黄金荣的关系从电检会那里领取了执照，并且通过当地的媒体大肆宣扬，一时间，满上海的人都知道大华电影公司要拍摄《啼笑姻缘》。其实顾有为是故意做个样子给明星公司看，他只不过是想以此来打乱明星公司的阵脚而已。

张石川从北平回到上海后，正在为胡蝶在北平的“跳舞风波”一事大伤脑筋。而恰在此时，大上海又发生了震惊中外的“一・二八”事变。

日方借口所谓的“日本和尚事件”，于1932年月1月28日在上海的闸北兵分三路向中国守军发动了进攻。驻守上海的中国军队十九路军在蒋光鼐和蔡廷锴的指挥下，奋起反击，大上海笼罩在一片硝烟之中……

时局如此动乱，人们哪里还有看电影的兴趣呢？

面对这样的局面，明星公司自然不能幸免，公司的制片业务几近瘫痪。张石川想到投入了那么大的财力和人力才将《啼笑姻缘》拍摄成功，如果就此放弃的话，损失实在太大了。尽管他知道顾有为是有备而来，但是为了《啼笑姻缘》能够成功地上映，张石川还是决定要与顾有为对簿公堂。

张石川在当时的上海官场也认识一些人物，加上他在租界里有一定的势力，所以开始的时候还有几分胜算。张石川聘请了上海八位第一流的律师，加上明星公司的两位常年法律顾问，形成了十大律师和顾有为对簿公堂的局面。

但是顾有为自恃有黑帮教父黄金荣作后台，自然不会把张石川放在眼里，加上他已经在电检会领取了执照，所以并没有被明星公司强大的律师阵容所吓倒。

张石川聘请的律师经过研究后，觉得顾有为已经事先拿到了电检会的执照，所以公堂胜算的把握不是很大，再说那顾有为并不是真的想拍摄此片，他的目的无非是想借此向明星公司讹些钱财而已。因此，他们建议张石川走其他的路子或许还会有解救的办法。

张石川知道，想让顾有为放弃此片的话，只要他的后台黄金荣一句话就能够解决问题。可是那黄金荣乃是上海滩最大的黑帮头子，他们这些演艺界的人士又怎能请得动他？

想来想去，张石川决定采取“黑吃黑”的办法，他们决定让上海滩另一位黑帮头子杜月笙出面为他们摆平这件事。

这天，张石川通过自己一位黑道朋友的引见，和郑正秋、周剑云一起前往杜月笙的府上去拜见这位在上海滩赫赫有名的黑社会头目。

这一次为了请出杜月笙，明星公司带上了昂贵的礼品，希望能够得到杜月笙的支持。

可是明星公司带去的那些礼品，杜月笙根本就没有放在心上，在他的眼里，什么东西没有见过，这些玩意就能够请得动我杜月笙的话，那我姓杜的还怎么在上海滩称雄？

杜月笙在心里冷笑了一下，不过经常在场面上混的杜月笙也没有一口回绝张石川。在张石川等人离开杜府的时候，他通过他的徒弟告诉对方，他想会一会胡蝶。

面对着杜月笙这样的要求，张石川不禁叫苦不迭。不答应他的话，《啼笑姻缘》算是一点希望都没有，但是如此将胡蝶送往杜府，那岂不是羊入虎口，那姓杜的什么事情做不出来？那样一朵娇艳的鲜花一旦落入杜月笙的手中，那会糟蹋成什么样子？杜月笙意图约见胡蝶，显然是包藏着非同一般的目的。

然而，当胡蝶听说此事后，她淡淡地笑了一下说：

“既然杜月笙要见我，那我就去会一会他吧。”

“此事万万不可！”郑正秋连忙摇了摇手说道，“想那杜月笙乃是豺狼一般的黑帮教父，胡小姐此一去，怕是凶多吉少，我们怎能让你一个弱女子去冒这样大的风险。”

“是啊，拼着不要这部片子，我们也不能出此下策的。”张石川也断然否决道。

“各位先生的心意我领了，”胡蝶并没有被这些话所吓倒，“若没有明星的栽培，我胡蝶焉能有今天之成就，公司现在有难，我作为明星的台柱又岂能坐视不理，再说，这几年来我也算是见过一些大人物了，场面上的事情我想我还是应付得了的。”

胡蝶虽然甘愿冒此风险，但明星公司三要人终觉不妥，所以并没有同意让胡蝶孤身一人前往杜府。

只是双包案一事必须解决，明星公司已经拖不起了。想来想去，后来还是张石川想到了一个折衷的办法：过段时间就是胡蝶的生日，如果让胡蝶在大众场合见上杜月笙一面，这样一来照顾了杜月笙的面子，二来对于胡蝶来说，也要相对安全得多。

巧妙周旋

胡蝶的父母听说黑帮的杜月笙要约见胡蝶后，不觉大为担忧。

“这也是没有办法的事情，”胡蝶安慰着父母说，“明星今日遭此一劫，我们只能冒险面对，既然我有可能让公司摆脱困境，也就只有放手一搏了。”

胡蝶嘴里说得很轻松，其实在内心里也是紧张得要命，她知道，像杜月笙这样的人物，稍微招待不周的话，后果便不堪设想。

明星公司的人都知道：《啼笑姻缘》的命运如何，全在胡蝶一人的身上了。

为了让杜月笙感到满意，明星公司大张旗鼓地在上海饭店为胡蝶举办了这场盛大的生日宴会。为了给杜月笙造成一定的压力，明星公司也邀请了不少记者作为嘉宾到场。

胡蝶的身边虽然有明星公司一干人等为她壮胆，但她心里还是紧张透了。此次会见是福是祸，她真是无法预知。

在此之前，胡蝶还从来没有与杜月笙这样的人物打过交道，这种人大都喜怒无常，应付这种人，无疑是如履薄冰。

这天晚上，六点钟刚过，几辆汽车就威风八面地停在了上海饭店的大门口，杜月笙在几个劲装打扮的保镖的护卫下傲气十足地走进了饭店。

张石川和周剑云见了，连忙迎了上去：

“杜先生大驾光临，有失远迎，杜先生，里面请……”

郑正秋见到“主角”来了，他赶紧对胡蝶悄悄地使了一个眼色。

胡蝶见那杜月笙长得十分精瘦，一张脸上毫无表情，让人根本无法揣摩他的心思。胡蝶以一个演员的直觉就知道这种人极为难缠。但是事情已经到了这个地步，她也只好把一切杂念抛下，挺身而出与杜月笙周旋了。

胡蝶深吸一口气，把自己那颗慌乱的心稳住，她尽量让自己堆出一张欢天喜地的笑脸迎向杜月笙。

张石川连忙为他们作了介绍。

作为礼节，胡蝶不得不伸出了手：

“杜先生，欢迎欢迎。里面请。”

杜月笙乘机抓住了胡蝶的小手，另一只手不停地在胡蝶的手上抚摸着：

“今日能够在此一睹胡小姐的芳容，真是幸会之至。”

看到眼前这个皮笑肉不笑的杜月笙，胡蝶不觉感到一阵恶心，她赶紧将握着的右手抽了出来，顺势作了一个请的姿势。

胡蝶的这个动作一来让杜月笙占不到小便宜，二来也顾及了礼节。杜月笙见胡蝶竟如此的机警，这倒有些超出他的想象。这个小女子还真是小看她了，只是在这种场面下，杜月笙自然不便发作，只见他仰天哈哈一笑，昂首阔步地步入了大厅。

大厅里，早已是一片笙歌燕舞的热闹景象。胡蝶心里清楚自己是当晚的主角，为了明星公司，这场“戏”她怎么样也要把它演下去的。

胡蝶在一种无奈的心情中，主动地将杜月笙请进了舞池，对于胡蝶来说，她还是第一次被迫和一个她根本毫无兴趣的男人这样亲密接触，闻着杜月笙身上的那股鸦片味道，胡蝶的胃部不由得一阵痉挛，但她还是满脸堆笑地和杜月笙虚与委蛇。

“听说胡小姐的舞姿一向不错的，怎么今天胡小姐看起来好像有些力不从心？”杜月笙把胡蝶搂得紧紧地，一双色迷迷的小眼睛定定地望着胡蝶问道。

“杜先生说笑了，我只不过是有些紧张而已……”看到杜月笙如此紧追不舍，胡蝶此时真有些后悔不该那样大胆地答应和杜月笙见上一面。杜月笙的那种目光，让胡蝶想到了毒蛇，这些黑道上的人物，真是避之都来不及，自己当初真是太鲁莽了。

“难道胡小姐与杜某在一起会感到紧张么……”杜月笙意味深长地问。

胡蝶对自己刚才在慌乱中说出来的话叫苦不迭，万一自己回答得不好的话，那么今天晚上所做的一切可都是白费劲了。

好在胡蝶经常出入一些高级的社交场合，作为一位公共人物，她的口才自然有一些过人之处。

胡蝶眨了一下眼睛，便乘机给杜月笙戴起了高帽子：

“像杜先生这样的大人物，我可是第一次见到，想想整个上海滩有谁不知道杜先生的大名，我只不过是一个小演员而已，当然是受宠若惊了。”

听到胡蝶这样恭维自己，杜月笙一边挪动着步子，一边得意地笑了起来。

一曲终了，这短短的时间真让胡蝶感到有一个世纪那样漫长，也许是太紧张了，胡蝶有种汗湿重衣的疲惫感。

“胡小姐很累么？”杜月笙握着胡蝶温软的小手问道。

“杜先生，真的不好意思，我感到有些头晕，我们到一边坐一会儿好吗？”

杜月笙点了点头，两人退到一边的酒桌上坐了下来。

杜月笙此时见到娇喘连连的胡蝶别有一番风情，要不是在这种场合里，他真恨不得把胡蝶一下抱在怀里。杜月笙虽然胸中欲火难忍，但他终究是那种喜怒不形于色的人，他讨好地给胡蝶递了一杯饮料：

“胡小姐真不愧是电影界里的大明星，今日得此一会，真让杜某大开眼界了。”

“我只不过是一个戏子而已，哪敢得到杜先生如此抬举。”胡蝶心不在焉地应付说。

“胡小姐实在是太谦虚了，”杜月笙直直地望着胡蝶，一语双关地说，“我们今天在这里相会，也算是一种缘分，大家既然已经认识了，以后打交道的机会可不少啊。”

“那我就先多谢杜先生了，”胡蝶抓住杜月笙的话说，“我正好有件事要请杜先生帮忙。”

“噢，胡小姐有什么事但说无妨。”杜月笙饶有兴趣地问。

“就是我们公司里的事，去年明星拍的《啼笑姻缘》……”

“那是公事，”杜月笙打断胡蝶的话说，“在这个场合里，我们先不谈这些公事吧。”

杜月笙的嘴封得很紧。

杜月笙一口回绝了明星的事，难道这个宴会白白地忙活了半天么？

胡蝶一时也不知说些什么才好，她见到杜月笙一脸坏笑地望着自己，为了不和杜月笙的目光相接触，胡蝶赶紧装作什么也没有看见似的把目光投向了别处。

“胡小姐去年的解约案闹得整个上海滩无人不知无人不晓，胡小姐如今是单身一人，想来像胡小姐这样的优秀女子，一定有不少人追求吧。”

隔了一会儿，杜月笙忽然问胡蝶道。

胡蝶心里不觉一惊。今天这个宴会，她最为担心的就是杜月笙就她的个人私事大做文章。

胡蝶见一时难以回避这个问题，便答非所问地说道：

“杜先生真是太抬举我了，我只不过是一个演电影的戏子而已，何以谈得上优秀二字。”

“这样看来，胡小姐尚未婚配，不知胡小姐在择偶方面有何标准，杜某倒想为胡小姐作一回月老……”

杜月笙步步紧逼地问着胡蝶，大有不攻下胡蝶誓不罢休的气势。

杜月笙此时闻听胡蝶之意好像尚无意中之人，他哪里肯放过这样的机会，若是能将这样一个世人皆知的大明星讨回府中，那岂不是要震动整个上海滩……

杜月笙一时不免想入非非起来。

杜月笙此番话里的用意，胡蝶又岂能不知，她当然不会让杜月笙乘虚而入。胡蝶一脸严峻地对杜月笙说道：“多谢杜先生美意，婚姻大事乃由父母做主，胡蝶已经有了意中人了。”

杜月笙听了，心里不觉大为失望，他强压住内心的妒火问道：

“倒不知哪位先生有着如此好的福气，可否为杜某引见一番……”

“这个嘛，我以前曾经吃过这方面的苦头，所以不想过早地将婚事公布于众，我想过段时间以后，杜先生自然会知道的。”

“今日乃胡小姐的生日宴会，照理讲胡小姐的情郎应该会出现在宴会里，可是恕杜某眼拙，我怎么看不出来宴会中何人是胡小姐的如意郎君？”

杜月笙依旧皮笑肉不笑地说道，他从胡蝶惴惴不安的神色中断定，胡蝶一定是在给他摆空城计。

“这个嘛，是我不想让他在公共场所里出现而已……”

胡蝶被杜月笙逼得几乎有些招架不住。她没有让潘有声在这里出现，就是担心他会受到什么伤害，像杜月笙这种黑道上的人物，如果他要是迁怒于潘有声的话，那样的后果她真不敢想象。

“如果杜某没有估计错的话，胡小姐怕是在同杜某玩空城计吧……”

杜月笙品了一口香茶，单刀直入地说道，他那阴森的目光朝胡蝶直直地逼射过来。

杜月笙话音刚落，胡蝶就听到了有人在她身后叫道：

“瑞华，生日快乐！”

胡蝶回头一看，站在她后面的不是潘有声还是谁?

见到潘有声，胡蝶那颗空悬着的心才轻轻地放了下来。此时的潘有声就是胡蝶身后的一棵大树，只见潘有声手捧着一大束火红的玫瑰双目含情地望着胡蝶，他那一身西装使他在今天看上去更加高大挺拔——这两人站在一起，谁不说他们是一对金童玉女！……

潘有声为什么会来到宴会现场?

原来，胡蝶的父母得知胡蝶要在生日宴会这天和杜月笙见面后，心里不禁替胡蝶捏了一把汗，想那杜月笙什么事情做不出来，那可是一场鸿门宴！在当时的旧上海，一些黑帮头子逼良为娼、霸占良家妇女的事情时有发生，女儿这一去，只怕是凶多吉少。依照胡蝶母亲的意思，让胡蝶和潘有声一起去要好一些，一来可以为胡蝶壮胆，二来也可以让杜月笙死了那份色心。可是，胡蝶想到这样一来的话，可能会把潘有声推入火坑，所以还是决定自己单刀赴会独自一人去面对杜月笙。

再说潘有声见胡蝶以弱女子之躯去应付黑帮头子杜月笙，心里自然是放心不下。胡蝶走后，他一直担心胡蝶会出什么意外，潘有声左右思量一阵后，便再也忍不住，连忙急急地赶来为胡蝶解围。

潘有声来得恰是时候，看到风度翩翩的潘有声站在自己的身边，胡蝶觉得他简直就是一位骑士，胡蝶心中的不安和紧张顿时全部在潘有声的一声呼唤中化为乌有。

“瑞华，没有经过你的同意，我就私自来了，你不会生气吧。”

潘有声说着把玫瑰花递给了胡蝶。

“这位是……？”

杜月笙迟疑地问道，眼前的一切快得像变戏法一样，杜月笙一时还真有些反应不过来。

“鄙人潘有声。”

“这位是杜先生。”胡蝶连忙替潘有声介绍道。

“久仰杜先生大名。”潘有声向杜月笙鞠了一躬，他当然猜得出杜月笙的身份。

“你怎么会来到这里？”胡蝶喜滋滋地问，有潘有声在她的身边，胡蝶感到踏实了许多。

“我在你家里听妈妈说你在这里招待杜先生，所以赶过来看看，”说到这里，潘有声反客为主地对杜月笙说，“杜先生，瑞华若有招待不周的话，还望多多包涵。”

“胡小姐，这位莫非就是你刚才所说的那位先生？”

胡蝶点点头，一脸幸福地坐在潘有声的旁边。

杜月笙再次失望了，眼前的这位小青年竟然会拥有胡蝶这样的佳丽？他有些不服气地问潘有声：

“不知潘先生在何处高就？”

“我在一家洋行里供职。”潘有声谦逊地说。

“潘先生能够得到胡小姐这样的女子的青睐，真是前世修来的好福气啊。”杜月笙轻轻地叹了一口气，语气中有种说不出的沮丧，“只是不知潘先生和胡小姐何时订婚？”

胡蝶听了不觉又是一惊，她怕杜月笙会抓住这个空子向他们发难，正感到不知如何说起时，只听潘有声笑了笑说：

“至于订婚吗，我们双方的家长倒是早已说过了。只是瑞华这边由于职业的关系另有考虑，所以到现在并没有公开举行过订婚的仪式。”

潘有声这样说的时候，一边的记者早就围了上来，一时之间，只见记者们纷纷举起手中的相机不停地对着胡蝶和潘有声拍照。

当着那么多记者的面，杜月笙纵然是杀人不眨眼的黑帮枭雄，又能奈其若何。

至此，杜月笙知道胡蝶已是名花有主，但杜月笙不愧是上海滩的黑帮老大，既然不能抱得美人归，何不顺水做个人情？杜月笙强压住心中的妒火对胡蝶和记者们说道：

“真是赶得早不如赶得巧，现在既然胡小姐和潘先生都在这里，今天不如让杜某为你们作个月老如何？”

这一点倒是胡蝶绝对没有想到的。今天的这个宴会可谓是一波三折，她幸福地挽着潘有声的胳膊对杜月笙说道：

“能请得到杜先生为我们证婚，那真是感激不尽了。”

……

张石川没有想到事情会出现这种戏剧性的变化，眼看一场一触即发的危机因为潘有声的及时出现而化为乌有。张石川不由得暗叫惭愧，心中的一块石头这才放了下来。

“哈哈哈！”杜月笙仰天朗笑了几声，“今日能够为胡小姐与潘先生证婚，可谓是杜某生平的一大快事，这场宴会杜某看来是不虚此行了。”

话音刚落，张石川带头鼓起掌来。紧接着，四周响起了经久不绝的掌声……

宴会结束了，在回家的路上，胡蝶幸福地把头埋在潘有声的膝盖上，含情脉脉地问：

“有声，我并没有叫你来的，你怎么会过来？你难道不怕么，要知道那杜月笙可是我们惹不起的黑帮老大。”

潘有声用手指梳理着胡蝶的秀发说：“顾不得那么多了，我要是连自己身边的一位女孩子都不能保护的话，那还是什么男子汉。”

“我看那杜月笙圆滑得很，他当时为我们证婚无非是给自己找了个台阶下而已，你说他日后会不会刁难我们？”

“我想应该不会的，”潘有声若有所思地说，“不管怎样，想那杜月笙也算是上海滩的一个成名人物，今天当着那么多人的面他为我们证婚，不管他用意如何，以他那样的江湖地位，如果向我们发难的话，那岂不是搬起石头砸自己的脚了。”

权宜之计

再说那杜月笙，表面上他虽然为胡蝶与潘有声做了一回月老，当了一次好好先生，但其实他只是沽名钓誉而已。偷鸡不成，反而成全了别人的好事，杜月笙内心气得要死，明星公司双包案一事也自然是不了了之。

张石川的一位黑道朋友见事情到了这种地步，便给他出主意说，不如让明星公司投靠在杜月笙的门下，以后不论出了什么事也好有个后台为他们撑腰。

张石川开始有些不同意，明星是一家电影公司，不管怎么样，他们也算是文化商人，如果让他们投在杜月笙的门下，一旦与黑帮沾上了关系，明星公司岂不是要遭受人耻笑？

这样大的事情张石川一人自然不敢做主，他找来郑正秋和周剑云商量对策。

“时局如此动乱，我们作为艺人生逢乱世，又能奈其如何？”郑正秋吐出一口浓烟，无奈地摇了摇头。看得出，他的内心无比痛苦。

“舍此，我们已经别无他法了，对我们来说，也只有用这个权宜之计了，不然的话，北平之行未免太得不偿失了。再说，这样一来，胡蝶小姐也可以说不会再有什么麻烦。”周剑云也附和着说道。

周剑云的这一席话，提醒了张石川，他想到为了《啼笑姻缘》的双包案，胡蝶小姐冒着那样大的风险，可谓是有情有义。虽然说她现在平安无事，可是谁能保证杜月笙以后不在她的身上找麻烦？如果明星投在了杜月笙的门下，按照江湖规矩，彼此就成了一家人，胡蝶也就可以真正地化险为夷了。

为了拯救《啼笑姻缘》，为了保护胡蝶，张石川只好走这条以黑治黑的路线了。

没过几天，张石川和郑正秋以及周剑云一起亲自到杜月笙的府上去拜访。

杜月笙见到在上海滩大名鼎鼎的明星公司投在他的门下，自然是得意得不得了，他扶起张石川等三人道：

“明星公司既然投在我的门下，你们的事情就是杜某的事，三位有什么事尽管说，我替你们摆平就是。”

张石川在心里骂了声老狐狸，但脸上依然装出满心欢喜的样子说：

“《啼笑姻缘》的双包案老爷子已经听说了，此事事关明星公司的前程，所以想请老爷子出山为我们做主。”

杜月笙听了大笑三声道：“这件小事么，不过是一顿饭的问题，今天我就为你们摆平它。”

当天晚上，杜月笙摆了几桌酒席，请来上海滩第一大黑帮头子黄金荣、还有顾有为以及上海滩演艺界的知名人士。

在酒宴上，杜月笙宣布了明星公司已投靠在他门下的消息，随后，杜月笙对黄金荣拱了拱手道：

“黄先生，今日学生请先生到此小聚，是想请先生替学生做主，顾有为是先生门墙弟子，我看不如让顾有为把《啼笑姻缘》的拍摄权让给明星公司，至于大华公司的损失由学生赔偿就是。”

黄金荣听了，眨了眨眼睛道，“月笙既然亲自出面为此事斡旋，我怎么也会给你这个面子的，有为啊，”黄金荣又对顾有为说，“大家都是一家人了，既然明星肯赔偿你们的损失，你那个片子就让给明星算了，免得自家人相互伤了和气。”

黄金荣既然发了话，顾有为焉有不答应之理。看到顾有为不停地点头，杜月笙望了张石川等人一眼，对黄金荣谢道：

“先生真是快人快语，大华公司的损失，学生明天就给先生送去。”

“月笙不必客气，这些不过是一句话而已。”黄金荣说完，得意地笑了起来。

明星公司与顾有为的这场官司就这样在酒宴上解决了。

没过多久，张石川又打点了电检部，这样他们终于拿到了《啼笑姻缘》的拍摄权。

不过，明星公司花费了这么大的力气和代价拍摄的《啼笑姻缘》在公映之日，并没有出现他们所期望的那种人人争先一睹为快的盛况。虽然它的票房收入还比较乐观，但是与明星公司的投入相比，还是有些不尽如人意。

与此相反的是，胡蝶主演的《自由之花》却出现了火爆的现象。这部影片的火爆是因为它的题材不同——在这种国难当头的时刻，《自由之花》激发了人们的爱国热情，大家当然要争相观看了。

“富贵险中求”

[1] 战略上藐视

杜月笙意图约见胡蝶，显然是包藏着非同一般的目的。

然而，当胡蝶听说此事后，她淡淡地笑了一下说：

“既然杜月笙要见我，那我就去会一会他吧。”

但明星公司的老总们担心胡蝶的安全，不同意胡蝶与杜会面。

“各位先生的心意我领了，”胡蝶这样说道，“若没有明星的栽培，我胡蝶焉能有今天之成就，公司现在有难，我作为明星的台柱又岂能坐视不理，再说，这几年来我也算是见过一些大人物了，场面上的事情我想我还是应付得了的。”

……

胡蝶的父母听说黑帮老大杜月笙要约见胡蝶后，不觉大为担忧。

“这也是没有办法的事情，”胡蝶安慰着父母说，“明星今日遭此一劫，我们只能冒险面对，既然我有可能让公司摆脱困境，也就只有放手一搏了。”

胡蝶嘴里说得很轻松，其实在内心里也是紧张得要命，她知道，像杜月笙这样的人物，稍微招待不周的话，后果便不堪设想。

此处表现出胡蝶典型的“绿色性格”的外表——稳定低调、知恩图报、与世无争、处事不惊、天性宽容、小心谨慎。

[2] 战术上重视

其一，大张旗鼓地在上海饭店为胡蝶举办盛大的生日宴会，邀请了不少记者作为嘉宾到场，而不是私下会面。

其二，胡蝶以一个演员的直觉就知道这种人极为难缠，但是事情已经到了这个地步，她也只好把一切杂念抛下，挺身而出与杜月笙周旋了。

两人照面时，作为礼节，胡蝶主动伸手欢迎：杜月笙乘机抓住了胡蝶的手不放，胡蝶不觉感到一阵恶心，她赶紧将握着的右手抽了出来，顺势作了一个请的姿势。

胡蝶的这个动作一来让杜月笙占不到便宜，二来也顾及了礼节。

其三，宴会上，胡蝶主动地将杜月笙请进了舞池，对于胡蝶来说，她还是第一次被迫和一个她根本毫无兴趣的男人这样亲密接触，闻着杜月笙身上的那股鸦片味道，胡蝶的胃部不由得一阵痉挛，但她还是满脸堆笑地和杜月笙虚与委蛇。

……

胡蝶眨了一下眼睛，乘机给杜月笙戴起了高帽子：

“像杜先生这样的大人物，我可是第一次见到，想想整个上海滩有谁不知道杜先生的大名，我只不过是一个小演员而已，当然是受宠若惊了。”

其四，杜月笙听说胡蝶已是名花有主，怀疑其中有诈，转而要求做胡蝶的证婚人：

“真是赶得早不如赶得巧，现在既然胡小姐和潘先生都在这里，今天不如让杜某为你们作个月老如何？”

这一点倒是胡蝶事先没有想到的。今天的这个宴会可谓是一波三折，胡蝶随机应变地挽着潘有声的胳膊对杜月笙说道：

“能请到杜先生为我们证婚，那真是感激不尽了。”

此处表现出胡蝶典型的“绿色性格”的外表——稳定低调、耐心柔和、与世无争、处事不惊、天性宽容、随机应变。

胡蝶与潘有声

胡蝶在与初恋情人林雪怀恩断情绝之后，许多出身豪门的男人乘机向她大献殷勤，胡蝶却选择了普通的商行职员潘有声作为男友。

此处表现出胡蝶典型的“绿色性格”的外表：低调谦和，与世无争，生性淡泊，自给自乐；同时也表现出胡蝶典型的“黄色性格”的内心：目标导向明确，抗压力强，按照实用主义原则快速决断，在情感婚姻关系中占据强势主导地位。

醉翁之意

说起胡蝶和潘有声的相识有些戏剧性，他们是在胡蝶的好友徐筠倩的家里认识的。

那段时间是胡蝶的心情最为伤感的日子，她与林雪怀的婚约案正闹得沸沸扬扬。她每天几乎不出门，因为走在大街上，她都能够听到路人对她的指指点点。加上那些不负责任的小报对胡蝶和林雪怀之间的事进行无中生有的大肆渲染，胡蝶感到有种透不过气来的压力。如果没有戏拍的话，大多数时间她都是呆在家里靠闷头睡觉来打发那些无聊的日子。

却说这天傍晚，胡蝶的好友徐筠倩专程来到她家里看望胡蝶，她看着没精打采的胡蝶，知道她心情不好，她今天真是来对了。

徐筠倩笑嘻嘻地拉着胡蝶的手说：

"瑞华，晚上到我那里去吧，几个朋友聚聚，我这次可是专门来接你的，车都在外面等着呢。"

胡蝶此时哪里有心情到外面去露面，她恹恹地对徐筠倩说：

"你看我这个样子，能到外面去吗，我可是无颜见江东父老啊。"

胡蝶一边说着，一边忧郁地叹了一口气。

徐筠倩依旧劝慰着胡蝶道：

"瑞华，我今晚办的这场酒会是专门要为你洗去身上的晦气的。就为那么样的一个男人，你不值得伤心，不然的话，那可是亲者痛，仇者快了。知道吗，今天的晚会可有好多关心你的老朋友到场哩，阮玲玉也会来，你们可是好久没有见面了，可以在一起聊聊天，散散心，比呆在家里闷坐不是好得多了。"

胡蝶听说阮玲玉也将到场，不觉生出了那种惺惺相惜之感。

她见好朋友特地大老远地赶过来接她，如果不去的话，实在是说不过去，于是随同徐筠倩一起出去了。

胡蝶来到徐筠倩的家里，立即被那种生机勃勃的场面所感染。她明白了好朋友的良苦用心，她的一颗心不觉渐渐地融化了。

见到那么多的老朋友，胡蝶一一地和他们微笑着打着招呼，在场的大都是电影界里的知名人物，胡蝶都是和他们有过一面之交的。

正在和别人说笑的阮玲玉看到胡蝶来了，连忙惊喜地拉着胡蝶的手说：

“哎呀，瑞华，我们可是好久没有见面了，这段时间一切都还好吧。”

“我现在哪里还敢谈什么好不好的，只能将就着打发日子了，盛名之下成为众矢之的，三人成虎人言可畏啊。”胡蝶说到这里，不觉有些无奈地摇了摇头。

“那些小报的记者就喜欢胡编乱造，反正用不了多久法庭就会判决的，时间会冲淡这一切的，又何必为它耿耿于怀呢。”阮玲玉安慰胡蝶说道，“你不知道我的那位无赖，前两天拿着一张小报来威胁我，说我要是和他分手的话，就把我告上法庭，到那时我的名声就不大好听了……”

“玲玉，婚姻是自由的，他为什么要这样对你？”

“唉，我们女人在外面做事有时候真是很难应付啊！”阮玲玉骨子里的那种忧郁的气质又不知不觉地显露了出来。

胡蝶望着多愁善感的阮玲玉，想起了她不堪回首的遭遇，不禁对她生出了那种同病相怜的亲切感。

比起阮玲玉来，她应该算是幸运多了，要是像她那样无止休地拖下去，何时才是出头之日？阮玲玉实在是太软弱了，胡蝶倒为阮玲玉的前途担起忧来。

正在这时，舞池里响起了乐曲声，阮玲玉拉着胡蝶的手说：

“光顾着说话了，我们去跳一曲吧，那样的话说不定你的心情会好一些。”

胡蝶此时只想单独呆一会儿，她想在这种柔和的音乐中理理她那纷乱的思绪。正当她要开口推辞时，只见一位大学生模样的年轻人微笑着走了过来：

“胡小姐，我能请你跳个舞吗？”

那人说着，做了一个绅士的动作。

这个年轻人就是潘有声。

原来这潘有声乃是福建莆田人，南方出生的他却有一副北方人的高大身材。潘有声虽然说算不上风流倜傥，但看上去有种儒商的沉稳感。

在此之前，胡蝶从来没有和他打过交道，就是在刚才，由于酒会的来宾很多，胡蝶也没有发觉现场还会有电影界之外的人前来参加。面对着陌生的男人潘有声的邀请，胡蝶不知说些什么才好。这个时候的胡蝶对所有男人都是有种戒备心理的。

恰在这时，女主人徐筠倩赶过来为胡蝶介绍说：

“瑞华，这是祥和洋行的潘有声先生。潘先生很喜欢看你的电影，你们边跳边聊，就让你的那些烦恼和不快在舞曲中烟消云散吧。”

徐筠倩说到这里，轻轻地推了胡蝶一把。

胡蝶碍于情面，只得和潘有声双双下了舞池。

……

开始，胡蝶还以为潘有声是一位教师，她没有想到对方竟是一位商人。在她所认识的商人中，差不多身上都透着一股铜臭的味道。而这位潘先生的身上却有那种儒商的风雅，这使得胡蝶在一见之下对他有一些好感。

“潘先生参加这样的酒会，想来对电影界一定比较熟悉吧？”

胡蝶很随意地问潘有声道。

“哪里，我本来就是一个影迷，尤其是对胡小姐的电影向来是百看不厌的。”

女人听到男人对她的恭维时，大都是乐于接受的，胡蝶见潘有声的话语中没有丝毫做作的成分，心中不觉有了几分暖意。

说来也怪，在情意绵绵的乐曲声中，胡蝶先前郁闷在心中的不快竟然不知什么时候飞得无影无踪了。

“这个酒会筠倩能把潘先生邀请到这里来，看起来潘先生和筠倩的关系一定相当不错吧？”

胡蝶与潘有声

“我认识徐女士夫妇已有一年多的时间了，”潘有声彬彬有礼地答道，“徐女士夫妇都是十分好客的人，在这种酒会里能够想到我这个圈子外的人，真是难得他们如此有心了。”

一曲终了，俩人退到一边休息，潘有声陪着胡蝶聊天。

在此之前，胡蝶由于职业的关系，所接触到的人大都是电影界里的人士，他们所谈话的内容也都离不开演艺界里的人和事，而潘有声却给胡蝶带来了前所未有的新鲜感。

这天晚上，他们谈得颇为投机，潘有声的知识面很广，他好像很理解胡蝶的心情，特意为胡蝶讲了一些有意思的笑话，让胡蝶听到了许多闻所未闻的趣事。

一次见面，潘有声给胡蝶留下了很深刻的印象。

“地下”爱情

其实这个时候的胡蝶还不知道，这个酒会就是她的好朋友徐筠倩为她和潘有声见面而主办的。在徐筠倩不动声色的安排中，这次约会让潘有声和胡蝶很自然地走到了一起。

在一边偷偷观察的徐筠倩看到他们二人谈得很投机，心中不禁有了小小的得意：但愿这对有情人能终成眷属。徐筠倩十分了解潘有声的为人，所以决定为他们做牵线的红娘。

人的命运往往是在一念之间得到改变的，爱情也往往会在一刹那碰撞出心灵的火花来。男女之间有的相处了几十年，却如死水一样激不起半点波澜；有的仅仅只有一面的机会却能够定下百年好合的姻缘。这也许就是爱情的魔力吧。

晚上酒会结束后，徐筠倩有意给他们创造机会，她让潘有声单独送胡蝶回家。也就是在这时候，胡蝶才隐隐地感到徐筠倩之所以邀她参加酒会，原来有这样的醉翁之意。不管怎么说，能够在酒会上认识潘有声这样的男人，确实让她感到欣慰。

潘有声就像一道耀眼的光芒，拨开了胡蝶久久郁闷在心里的阴霾。

第二天，一心想当月老的徐筠倩趁热打铁地追问潘有声对胡蝶印象如何？对此，潘有声倒显得有些惴惴不安起来：

“人家可是大明星，我一介洋行的小职员而已，恐怕有些高攀不上……”

“我的朋友可不是那种人，从她和林雪怀之间的事你就会知道，瑞华不是看重一个人身份的势利之徒。男子汉追女孩子就应该大胆一些，放主动一点，只要你认为她是个不错的女孩子，你就要放开手脚去追，不然的话，像她这样的好女孩，只怕后面有一大堆人在等着哟。”

“那我们先可以交个朋友，看看事情会发展到什么程度再说吧。”

潘有声在内心里早已为胡蝶的魅力所倾倒，只是他没有想到这一切会来得这样快。他同意了徐筠倩的观点，决定增加和胡蝶接触的机会。

在开始的一段日子里，潘有声并没有大张旗鼓地向胡蝶展开他的攻势，他只是同胡蝶保持着一种君子之交淡如水的普通来往。同胡蝶电影明星的地位相比，潘有声自忖与她在名利上面还有着一段很大的差距，这种差距在潘有声的心理上是多多少少有些压力的。他和胡蝶虽然很谈得来，他对胡蝶身上那种大家闺秀的气质虽然也颇为欣赏，但是在内心里，他并没有奢望得到胡蝶的爱情。

这段时间胡蝶早已被林雪怀解约一事折磨得心力交瘁，在她心情最为灰暗的日子里，因为得到潘有声的关怀，所以心情渐渐好转起来。与此同时，潘有声随着同胡蝶不断的交往，发现了她身上有着其他演艺界人士所不具备的优点。

时年只有二十三岁的胡蝶已是上海滩大名鼎鼎的当红明星，但是在潘有声的面前，胡蝶只是一位很平常的女孩。胡蝶从来没有摆什么明星的架子，她也没有像其他的女艺人那样把成名当作一种跳板。不仅如此，成名后的胡蝶对于演电影依旧有种近似虔诚的执著，她依然早出晚归地奔跑在明星公司的摄影棚之间。她的敬业精神，她和导演以及摄影师们合作的那种专注，让每一个同她一起工作过的人都为之感动和佩服。

随着交往次数的增加，潘有声对胡蝶有了比较深的了解：摄影棚里的胡蝶是一位全神贯注的演员，生活中的胡蝶是一个显得很普通的女子。这对于一位成名的女演员来说，确实难能可贵。潘有声觉得胡蝶实在是一位难得的好女孩。

与此同时，潘有声由于结识了一些电影界的人士，在同他们的交谈中，他也明白了胡蝶和林雪怀分手的真正原因。胡蝶在成名后，并没有因为林雪怀的身份低下而对其不屑一顾，而是一如既往地爱着林雪怀，是因为林雪怀的自甘堕落，是林雪怀先有了不义之举，才使得胡蝶不得不为了自己的清白才奋起反抗的。正是这一点，才让潘有声看到了他和胡蝶之间的希望所在，潘有声恢复了一个男人的自信，他终于向胡蝶射出了她的丘比特之箭。

胡蝶的心被潘有声激活了。如果说在开始的时候胡蝶对潘有声只是存在着好感的话，那么当他们有了许多次的深入交谈之后，胡蝶可以说是在一种顺其自然中慢慢地接受了潘有声。

潘有声高大的身材和他那股儒雅的气质，使得他显得格外的引人注目。潘有声对事业的专注也深深地感染着胡蝶，她觉得潘有声是一位有责任心的男子汉。潘有声绅士的作风，总是让胡蝶在他的身上体验到那种做女人的幸福感。

胡蝶自从与林雪怀打起官司以后，遭受到巨大心灵创伤的她对身边的男人总是怀着那种一朝被蛇咬十年怕井绳的戒心。在胡蝶同林雪怀的情感出现了危机后，胡蝶的身边总少不了一些出身豪门的男人乘机向她大献殷勤。对于这些人的主动示爱，胡蝶一直没有理会。有过一次情感经历的胡蝶在对待男女之事上变得相当理智，初恋带给她的伤痛不得不让她在这方面变得小心谨慎起来。

但在遇到潘有声后，胡蝶的这一点顾虑终于不攻自破。她那扇曾经尘封的心扉，终于被潘有声的勇气叩开了，胡蝶再一次坠入了爱河之中。

潘有声虽然也像林雪怀那样，是个没有多高社会地位和没有多少家财资产的普通人，但他和林雪怀有着本质上的区别，胡蝶从自己和他接触中深有体会。他是个干事业的人，做事扎扎实实，待人诚恳，讲信用，肯动脑筋，肯钻研。

譬如他做茶叶生意，对茶叶就很有讲究，一包茶叶，他只要看上一眼，就能说出它的产地、等级、名称以及它的背景故事。一杯茶，他只要稍一品茗，就可以分辨出陈香、绿香以及存放了多长时间。

事业心正是胡蝶心目中理想男友的首要条件，而潘有声除了有一颗执著的事业心之外，还是一位温柔体贴、谦和豁达、善解人意的好男人。

二度梅开的胡蝶虽然少了初恋时的那份腼腆，少了初恋时的那份激动和牵肠挂肚的企盼，但是这一次却来得真实，来得自然。她和潘有声之间虽然没有多少风花雪月的浪漫和花前月下的誓言，但胡蝶能够从潘有声的身上感觉到那份来自男人的安全感。这种安全感，对于一位女人来说是最为重要的。

作为男人，潘有声心里很清楚，承诺远远没有行动显得有力量。爱至深处，语言已是多余的，胡蝶和潘有声都能够在生活中的一些细枝末节中感到对方那种透骨的温暖。有时候，胡蝶想起初恋时的那种海誓山盟，不觉为自己当初的幼稚感到好笑，爱情能够天长地久么？这世上有那种相爱一万年的爱情吗？两个人能够相濡以沫，能够一起携手走完人生之路那就是莫大的幸福啊！

这一次，胡蝶在处理爱情的事情上没有像以前那样显得盲目和狂热，她虽然在心理上已经接受了潘有声，但是她一直采取“冷处理”的态度，她想保持那种自由来往的身份。在同潘有声认识后相当长的一段时间里，他们从来没有在公众场所双双出现过。对于这一点，潘有声理解胡蝶的良苦用心，他显得相当的大度和豁达，有那么一段时间，他们的爱情颇有几分“地下”的味道。

胡蝶和潘有声之间的感情得到了顺利的发展，作为“红娘”的徐筠倩，一直主张胡蝶能够在一个适当的机会和潘有声订下秦晋之好：

“瑞华，你和潘先生公布了婚事的话，一来对你们双方也是一个交待，二来各自的家人也算是了了一桩心事。”

徐筠倩这样鼓励胡蝶说，作为月老，她当然想尽早地看到结果。

这于这一点，胡蝶早就想到了，所以当好友提出她的建议时，胡蝶很冷静地对徐筠倩说道：

“前车之鉴，至今记忆犹深啊，如果当初我不同林雪怀订下婚约的话，恐怕也不会有这场官司之累了。每当我想起这件事时，心里总是有种隐隐作痛的感觉，哪里还敢轻易地作出这种决定，况且，婚姻大事儿戏不得。命中有时终会有，命中无时莫强求，爱情这东西我看还是随缘一点为好。”

“潘先生和林雪怀有着本质的不同，你们若能定下关系，他也可以名正言顺地帮你……”

“这件事万万不可草率，”胡蝶认真地说道，“我同林雪怀的教训让我感慨颇深。我首先是一名演员，对于我们来说必须要做到洁身自好。男女之间的情感纠葛，对于外人来说实在难以了解真实内情，舆论的压力实在是太强大了……我和有声之间的事情，若真有缘的话，我想一定会白头偕老的。”

胡蝶的态度是如此明确，徐筠倩也就不再说什么了。胡蝶和潘有声的恋情是在一种自然状态下低调发展的，在胡蝶的心里，她始终把拍电影放在第一位。

她是为电影而生的，电影已经融进了她的生命里。

中西合璧的婚礼

四年了，胡蝶屈指算了一下，她和潘有声相恋已经整整有四年的时间了。

与那些轰轰烈烈、刻骨铭心的爱情相比，她和潘有声之间的爱情似乎显得有些平静，他们的生活有时也会荡出一些激情来，但是那种激情随即又在各自的工作中消散了。他们都是事业心很强的人，这种人的爱情不可能天天演绎出那种表面风花雪月的情调。

胡蝶已经习惯了她和潘有声之间的这种生活方式和感情方式。

可是，胡蝶在盛名之下，却明显地感到了一种压力——她与潘有声的结局如何，越来越成为公众及那些小报花边新闻议论的对象。前不久她赴苏联参加国际影展的时候，上海的一些报纸就对她的出行作了种种的猜测。

记得在赴苏联的前一天晚上，阮玲玉来到胡蝶家里看望她，两个人随意地聊了起来。阮玲玉忽然开玩笑似地问她："瑞华，你这次出去后回不回来呀？"

"我不回来还能到哪里去呢？难道说我嫁到外国去不成。"胡蝶咯咯地笑了起来。

"外面都说潘先生想自费跟你一起到苏联去，他是紧紧跟着你，怕你这一去就不复返了，哎，那些可恶的小报，真是令人讨厌得很。"

那些小报，何止是讨厌，简直就是一把杀人不见血的刀啊，像阮玲玉这样一位人见人爱的可人儿，不是被那些小报推向自绝之路的么？自己和潘有声本来过得好好的，可是一些报纸却经常四处嚼舌：潘有声还要等待多久？胡蝶会嫁给潘有声吗？胡蝶凭什么爱上潘有声？胡蝶为什么会选择潘有声？……

报纸上种种的猜测、种种的议论搞得胡蝶苦不堪言。自己不能再这样沉默下去了，她必须以一个有力的行动，来回击那样无中生有的谣言，不然的话，不论是对自己，还是对潘有声，都是一种巨大的压力。

胡蝶在这种情况下萌生了要和潘有声结婚的念头，而父亲胡少贡的病情，更加加快了她和潘有声走进婚姻殿堂的步伐。

那一天，胡少贡感到肺部这几天来越来越疼痛，本来他想忍一忍就会过去的，但是胡蝶看到父亲是那样的痛苦，坚持和母亲把他送到医院里去检查。

也许是亲人之间的一种心灵感应，胡蝶觉得父亲的病一定相当严重。果然，当检查结果出来后，她和母亲不禁大吃一惊：胡少贡竟然得的是肺癌，而且已经到了晚期！

一家三口回到家里，胡蝶再也忍不住了，她偷偷地躲在自己的房间里失声痛哭起来。

母亲把父亲安顿好了后，来到胡蝶的房间里，抱着她的肩膀轻轻地说：

“瑞华，你爸爸对自己的病情可能早已知道了，我看他的日子已经没有多少了，不如趁这个时间把你和有声的事情办了吧，也好彻底了结他的一桩心事。”

想到父亲将不久于人世，胡蝶决定和潘有声携手走进教堂，让父亲能够安心地含笑而去。

于是，潘、胡两家开始紧锣密鼓地进行婚礼的筹备工作。

对于胡蝶的婚事，张石川和周剑云虽然觉得有些突然，但想到她和潘有声已经相爱了四年之久，也应该是到了瓜熟蒂落的时候了。想到多年来胡蝶对公司所作的贡献，明星公司决定由他们来操办胡蝶的婚事，并且派出摄影师将胡蝶结婚时的盛况拍成纪录片，算是对胡蝶演艺事业的一种回报，让胡蝶风风光光地做一回新娘。

胡蝶和潘有声结婚的日子定在 11 月 23 日，潘、胡两家商量后决定以中西合璧的方式，即中午在教堂由牧师证婚，晚上则在酒楼举行婚宴。

1935 年 11 月 22 日，上海，胡蝶与潘有声在婚前一天合影。

11 月 23 日的上午，圣三一教堂早已被闻讯赶来的各种影迷和各大报社的记者围得水泄不通，人们个个都想目睹一下大明星做新娘时的风采。

11 点，婚礼准时开始。

教堂里，钟声铿然响起，喧嚣的人们一下安静了下来。

身着婚妙的新娘胡蝶和西装革履的潘有声在男女傧相的

陪伴下随着一位牧师走进了教堂。顿时，掌声雷动，鲜花彩纸满天飞舞，明星公司的乐队在人们的欢呼声中奏起了《婚礼进行曲》。

在欢快高亢的乐曲声中，只见童星陈娟娟和胡蓉蓉手捧着颜色艳丽的大花篮，潘有声和胡蝶由胡蝶的父亲胡少贡和牧师相扶，神色庄重地沿着红地毯，在众人欣喜的目光中，向着牧师主婚的礼台前走去。

教堂的牧师为胡蝶和潘有声主持结婚仪式。

潘有声和胡蝶互换戒指。潘有声深深地吻了一下胡蝶。观礼的人群中爆发出一阵欢呼的掌声。

在乐师的指挥下，明星公司的同仁们齐声唱起了周剑云先生专门为胡蝶所作的《胡蝶新婚歌》：

胡蝶，你可实现了你全部的希望，
胡蝶，幸福紧紧地跟着你哼。
你的生命就是一支歌，
平静而美丽。
胡蝶，飞吧，飞吧，
飞向光明而伟大的前程……

望着眼前这两千多张熟悉和不熟悉的面孔，胡蝶的双眼不觉潮湿了。作为一个女人，她深刻地体会到了女人一生中最为幸福最为美丽的时刻，从今天开始，她可以在家的港湾里让自己那颗紧张疲惫的心得到好好的休息了。

……

当天晚上7时许，位于南京路的大东酒楼华灯灿若火树银花，胡蝶和潘有声穿着鸿翔服装公司订做的结婚礼服在这里宴请几百名各界人士。

这天晚上的婚宴一直到晚上十一点钟的时候才宣告结束。

送走那些前来祝贺的来宾后，胡蝶和潘有声驱车前往他们的新巢——亨利路29号，欢度他们的洞房花烛夜。

香港历险

胡蝶和潘有声结婚后，面临着家庭和事业的抉择。胡蝶考虑了很久，她觉得自己不能像以前那样如走马灯似的一年拍五六部电影了。既然嫁作人妇，那就老老实实地做一个家庭主妇吧，

胡蝶决定退出影坛，好好地做一位全职妻子。

1935 年底，胡蝶与明星公司的合同期已满，于是她正式向明星公司提出了离开公司的请求。但是，其时的胡蝶是最有号召力的演员，电影界尚无出其右者，如果胡蝶离开了明星公司，将是明星的极大损失。因此，张石川和周剑云自然是极力地挽留胡蝶。

明星胡蝶在香港。

胡蝶的辉煌时代是从明星开始的，在她的心底自然对明星有一些感情，面对张石川和周剑云的挽留，胡蝶不好拂了老板的面子，于是答应留下来，但是有个条件：她一年只为明星拍一两部电影。

胡蝶不再像以前那么忙碌了，由于每年只拍一两部电影，她的演技更加显得炉火纯青。拍完《永远的微笑》后，胡蝶便渐渐地退出了影坛。

她开始和潘有声一起过起了那种相敬如宾的家庭生活。

胡蝶的这种平静的生活并没有能过多久。

1937 年 7 月，卢沟桥事变爆发。

8 月，日军进攻上海。中国军队在第九战区司令长官张治中将军的带领下奋起反击，昔日繁华的大上海顿时处在风雨飘摇之中。

11 月，上海宣告失陷，成千上万的日军开进了大上海。明星公司的拍摄厂址也被日军占领，这样一来，胡蝶自然也就拍不成电影了。

这时，潘有声恰好在香港发展业务，于是胡蝶举家迁往香港躲避战乱。

在香港，潘有声经商的收入相当可观，所以胡蝶一家生活无忧。这种表面看起来平静的生活不知不觉地维持到了 1941 年。

这一年，第二次世界大战爆发。英国的参战让潘有声敏感地觉得香港不是久留之地。

当时胡蝶因为儿子尚未满周岁，所以没有同意离开香港。果然，没过多久，日军的飞机开始袭击香港。此时由于太平洋战争爆发而没有及时离开的胡蝶一家更是难以逃离香港了。胡蝶一家每天都要四处躲避日机的空袭，她天天都可以看到数不清的同胞在日机的狂轰滥炸中死亡。

1941 年 12 月 25 日这天，驻守在香港的英军向日军无条件投降，香港落入日军之手。

胡蝶深感在日军的统治下生活是中国人的一种耻辱，可是她又没有办法离开香港。为了减少不必要的麻烦，胡蝶尽量闭门不出。

此时的香港因为日军的占领，商业已经大受影响，潘有声已经不再正常经商，他每天都陪伴着胡蝶、在家里小心翼翼地过日子。

这一天，忽然外面有一辆汽车停在他们的家门口。紧接着门外响起了杂乱的脚步声，好像是日本兵来了！胡蝶的心情不禁紧张起来！潘有声轻轻地拉了拉胡蝶的手，示意她不要过于害怕。然后，潘有声走到门前，轻轻地打开了大门。在开门的一刹那，潘有声的脸色都变了：门外面果然站着一队荷枪实弹的日本兵！

潘有声和胡蝶不禁面面相觑，纵然他们是见过无数的世面，可是面对这些杀人不眨眼的日本兵，胡蝶还是惊得花容失色。

他们还未来得及说话，只见日本兵中走出一位穿着西服的日本文官对潘有声说：

“这位是潘先生吧，幸会了。”那人又满脸堆笑地对胡蝶说：“这位一定是大名鼎鼎的胡蝶女士了吧。”

胡蝶突遭此变故，饶是她机敏多变，此时也全然没了主意，只是跟着机械地点了点头。

“胡蝶女士的大名，我是久仰的了，我是大日本皇军报道部艺能班的班长和田九郎，今天是特地来拜见胡蝶女士的，我想胡蝶女士不会不欢迎吧。”

胡蝶不得已，只得欠身将和田九郎让进了屋子里。

“鄙人今天到胡蝶女士的府上拜会，是有事想请胡女士帮忙的。”

和田九郎在客厅里的沙发上坐了下来，毕恭毕敬地对胡蝶说道：

“其实我们大日本发动的‘大东亚圣战’，是为你们中国人着想的，你们完全没有必要为此感到惊慌不安，天皇的目的是为了建立一个让世界为之瞩目的‘大东亚共荣圈’。我们对于中国文化艺术方面有成就的文化名人，一直都是非常尊重的，你们都是难得的人才。我来到贵府的目的，就是希望能够与胡蝶女士交个朋友。”

原来，此时的日本兵一面对香港的百姓进行凶残的镇压，一面又对一些隐居在香港的文化界的知名人士施以怀柔政策。他们派出一些熟悉中国文化的中国通对那些知名人士进行拉拢利诱，试图利用中国名人出面来宣传所谓的“大东亚共荣圈”、“中日亲善”，以达到他们掩盖侵略罪行，欺骗世界舆论的目的。

胡蝶听这个自称为和田九郎的日本人这么一说，知道他是黄鼠狼给鸡拜年，没安什么好心，这个时候若是同这些人沾上什么关系的话，一世的英名可就毁于一旦了。胡蝶冷冷地对和田九郎说：

“胡蝶只是一名普通的弱女子而已，哪里高攀得起。”

和田九郎听了，不以为然地笑了一声：

“胡蝶女士实在是太过于谦虚了，我们大日本的许多市民都欣赏过胡蝶女士主演的电影，像你这样的人当然是与其他人不同的。我们认为，胡蝶女士这样的老牌影后能够在战时留在香港，本身就可以算是对大日本最大的支持。对于胡蝶女士的这种行为，我们非常欣赏，我们希望胡蝶女士为中日亲善做些事情，为了维持香港的和平，胡蝶女士可以继续在香港拍些电影。”

胡蝶未置可否地望了和田九郎一眼，她想看看这位日本人的葫芦里到底卖的是什么药。

“难道胡蝶女士有什么疑虑么？”和田九郎以为胡蝶有些动心，便抛出了他早就想好了的诱饵，“对于胡女士这样的大名人，我们大日本一向是待如上宾的。如果胡蝶女士留在香港的话，我们会保护你们的生命和财产安全，而且我们会尊重你们的行动自由，如果胡女士想回重庆的话，我们也会无条件地放行。这一点请胡蝶女士不必担心，中国人和日本人永远都是平等的互相合作的关系，我想说了这些，胡蝶女士应该明白我的意思了吧，我们的日本公民很想看到胡蝶女士能够在银幕上再放光彩。”

直到这时，胡蝶才知道眼前的这个日本人原来是想拉她下水，日本人既然让她拍电影，又能够拍出什么电影来！此时国家正处在水深火热之中，倘若她对这些侵略者抱以亲和的姿态的话，恐怕国人的唾沫也会把她淹死了。这个披着羊皮的和田九郎原来包藏着险恶的用心。

胡蝶决定不给和田九郎半点可乘的机会，她不动声色地说：

“胡蝶不过是一个演电影的艺员而已，除此之外我是一无是处，更何况，我现在已是家庭主妇，早已退出影坛了。”

胡蝶的这番话，可谓是柔中带刚绵里藏针，和田九郎一时不知再说什么才好，他见胡蝶态度如此坚决，只好讪讪地干笑了几声，起身告辞。

和田九郎走后，胡蝶急急地对潘有声说："我看日本人不会就此善罢甘休的，说不定他们下一次不知在哪一天就来了，他们要是一直纠缠下去，我们如何应付得了，我看我们当务之急一定要想办法离开香港才是。"

潘有声望着眼前的一家老小，安慰着胡蝶说道：

"你这几天就在家里呆着吧，我到外面看看有没有偷偷离开香港的机会。"

……

一连几天，潘有声都在外面四处打探逃离香港的办法，而胡蝶则在家里等待丈夫的消息。

潘有声也知道东江游击队的事情，他听说他们在广东惠阳一带活动，只是苦于不知道如何同他们联系。

这一天，他正在家里同胡蝶商量怎样才能找到他们的时候，家里的大门突然被人撞开了，只见一队日本兵急冲冲地闯了进来。

潘有声连忙叫胡蝶带上母亲和小孩到房中躲避，他独自一人迎了上去，对着为首的日本兵问道：

"请问你们到此有何贵干？"

一位趾高气扬的翻译走了出来，对潘有声说道："这位是大日本的军曹板田队长，他们是奉命到这里来征集军需物品的，把你们家最好的行李和被褥拿出来献给皇军。"

不容潘有声说出话来，只见板田队长把手一挥，几个扛着三八大盖的日本兵就要向里屋闯去，潘有声见了，一时慌张得不知说些什么才好……

忽然他听见从后面传来了一声断喝。潘有声闻声一看，原来是和田九郎到了。

"你们在这里要干什么？"和田九郎对着翻译怒气冲冲地问道。

"报告太君，我们到这里来是征集军需用品的。"那翻译官毕恭毕敬地说。

和田九郎满脸堆笑地对潘有声说："潘先生，实在是不好意思，因为鄙人迟来一步，让你们受惊了。”

说到这里，和田九郎又对着那队日本兵喝道：“不得无礼！给我滚出去！”

……

其实刚才发生的一切都不过是和田九郎导演的一场苦肉计，其目的是想对胡蝶一家恩威并施，逼她就范。和田九郎想胡蝶一家有大有小，如此一来，她还敢不从么？

胡蝶听说那个让她生厌的和田九郎又来了，本想回避，可是人家已经找上门来了，她哪里还避得开。胡蝶寻思和田九郎来到这里必有所图，她想先摸摸他的底，做到知己知彼。她这才出来和和田九郎见面。

“胡蝶女士别来无恙吧，实在不好意思，刚才让你们受惊了，我今天到贵府拜访有一事想与胡蝶女士相商。”

和田九郎见到胡蝶就开门见山地提出了他此行的目的。

“不知是什么事？”胡蝶故作迟疑地问道。

“我们大日本与贵国一水相隔，不知胡蝶女士有无兴趣到日本去观光旅游？”

“这个时候到日本去？好像……”胡蝶欲说又止。

“胡蝶女士觉得有什么不妥呢？”和田九郎皮笑肉不笑地说，“我想胡女士心中所考虑的无非是此事是与政治有什么关系吧，在这里我可以用我个人的人格担保，胡女士的此次出游纯粹是一次观光行为，它与政治毫无关系。而且我们可以将胡女士在日本观光的行程拍成一部纪录片，我们日本的影迷非常渴望能够一睹中国的电影皇后在日本的风采，这部电影的名字我都想好了，就叫它《胡蝶东游记》吧，这可是一件有意义的文化大事。”

胡蝶一听不觉在心中叫苦不迭：这一招好歹毒，到日本去拍电影，跟卖国贼又有什么两样！胡蝶揣摩到了和田九郎的险恶用心，但这些在她的脸上都没有表露出来，她浅浅地一笑说：

“承蒙你们如此看得起我，我个人也觉得这个主意不错，只是我自 1937 年已经退出影坛，我们中国有句古话，叫做君子一言，驷马难追，现在让我改变初衷，确实有些说不过去吧。”

胡蝶的这番话说得很巧妙，有种绵里藏针的机智。她说自 1937 年退影，潜台词就是说日本人侵略中国，她已决定在这种国家蒙受灾难之时金盆洗手了。

“哈哈哈！”和田九郎忽然大笑起来，“我闻人言胡蝶女士在银幕上英姿飒爽，没想到生活中的胡蝶女士也具有男子汉快人快语的风格，我对中国的人文风情也有个一知半解，我记得中国也有这样一句话，叫做此一时彼一时也，识时务者为俊杰，这句话我想胡蝶女士也听说过吧，嗯？”

和田九郎的话说到这里，已透出咄咄逼人的气势。

胡蝶看到和田九郎的那副样子，大有恼羞成怒的味道，她感到屋子里的空气变得有些紧张，便没有搭理和田九郎的话，装出低头沉思的样子来。

面对和田九郎这种不达目的不罢休的气势，胡蝶一时好不彷徨。她要是不答应此人的话，也许在今天，她们一家就难逃日本人的魔掌了，可是要是应承下来，自己岂不成了千古罪人？当务之急是先要把这个讨厌的和田九郎打发走，以图后计……

一旁的潘有声此时插话说：

“和田九郎先生，不是我妻子不想拍电影，而是她以前已经宣布退出影坛，此时若复出的话，恐怕有些出尔反尔，这样一来的话，只怕胡蝶以后很难做人……”

“潘先生，”和田九郎打断潘有声的话道，“我想刚才的事情你们也看到了，我可是对胡蝶女士一家礼遇有加的，如果这一次胡蝶女士不予合作的话，以后的事情我可不敢说了，说不定明天又有一队大日本皇军来打搅胡蝶女士……此次的文化交流算是大日本与中国的第一次合作，也是日本皇军陆军部下达的一次命令，我希望胡蝶女士以大局为重。合作得好，我们自然是皆大欢喜，如果试图以什么理由来推辞的话，后果将是可想而知。”

“可……”和田九郎穷图匕见，一时把潘有声呛得说不出话来，他呆呆地望着胡蝶不知说些什么才好。

此时，胡蝶倒显得十分沉静，她对着和田九郎粲然一笑道：

“难得和田九郎先生如此盛情，我要是推辞不去的话，确实显得有点却之不恭了，你说是吧，和田先生？”

那和田九郎本来已经被胡蝶夫妇二人说得内心暴躁不已，他已是在万般无奈之下才说出这种恐吓的话来的，正在心中想到如何来收回刚才的话时，忽然一听胡蝶答应了下来，不由得喜出望外地问胡蝶：

“胡蝶女士此话当真？”

“怎么能不当真？”胡蝶向和田九郎抛了一个小小的媚眼，“想我胡蝶数年前曾到欧洲去过，如今又有机会到日本一游，岂不快哉，如此名利双收之事又何乐而不为呢。”

“胡蝶女士决定何时动身？”和田九郎紧追不舍地问。

“这个嘛，可能我一时还去不了。”胡蝶故意吊着和田九郎的胃口。

“这个又是为什么呢？”和田九郎不知是计，果然被胡蝶说得猴急起来。

胡蝶拉着潘有声的手，做出那种女人的幸福感说：

“我已经有三个月的身孕了，等我分娩以后再说好吗？有你和田先生从中斡旋，我想这一点方便应该没有什么问题吧。”

和田九郎本来是满心欢喜的，可是到头来却被胡蝶一句话说得呆在那里半天做声不得，他用鹰隼一样的目光死死地盯着胡蝶，希望能够从她的脸上看出一些破绽来。

胡蝶的脸上并没有丝毫变化，她一手拉着潘有声的手，一边微笑地望着和田九郎。和田九郎哪里想得到演员出身的胡蝶像今天这样的场合不知在摄影棚里经历过多少次了，如果这一点都无法做到的话，她胡蝶就枉为老牌影后了。

和田九郎在胡蝶的脸上足足地盯了有半分钟的时间，没有发现任何可疑之处，这个胡蝶是不是在戏耍我呢？可是他又不得不装出一副亲善的面孔来：

“既然胡蝶女士要静养待产，那么容我回去向上面汇报后再说吧。”

和田九郎此时的心里还是觉得有些不对劲，可是他又想到谅你一个弱女子又能逃出我的手掌心不成?

这次，和田九郎表面上不动声色地告辞而去，但是暗中却派了一些暗哨对胡蝶一家进行监控。

逃离险境

再说潘有声见和田九郎走后，不由得埋怨起胡蝶来：

“瑞华，你怎么这样糊涂，像这样的事情也应承下来，那可是后患无穷啊……”

“这其中的利害我又岂能不知，只是今日之事你也能看得出来，我若不答应下来的话，只怕我们一家将难逃厄运。前段时间，我们因为一时的优柔寡断，才拖到现在还留在这里，而现在日本人又逼我去拍什么电影，我们不能再坐以待毙了，我们必须要想办法离开香港，所以我才故意以怀孕迷惑和田九郎，为我们争取一点时间。”

“我还以为你当真怀了身孕呢！”潘有声惊得大叫了起来，“真有你的，瑞华，现在想想，要不是你提出这个理由的话，那个和田九郎还真不好打发呢……”

“这只不过是一时的缓兵之计而已，”胡蝶打断了潘有声的话说道，“时间长了的话，那个和田九郎一定会发现这里面的破绽的，所以我们眼下最为要紧的是要尽快地想办法离开香港。”

“可是离开香港又谈何容易，”潘有声叹了一口气道，“现在港内港外到处都是日本兵，他们已经封锁了要道，我想梅兰芳先生可以蓄须明志，可是你这肚子可支撑不了几天哟。”

“事情到了现在这个地步，我看我们只能明修栈道，暗度陈仓了，”胡蝶向潘有声和盘托出了她的计划，“我想那和田九郎也非等闲之辈，从他今天离开时的神情我感觉他并没有全部相信我的话，只是一时没有撕破脸皮而已，所以在表面上我们仍然要对日本人装出亲和的姿态来。这样的话，我们才能够真正地迷惑住日本人。另外，我们要在这个时间内暗中把我们的一些东西化整为零，该处理的处理，该变卖的就变卖，一旦有了好的时机，我们就可以以最快的速度离开香港。”

望着胡蝶有条不紊地布置一切，潘有声算是重新认识了眼前的胡蝶，他没有想到胡蝶把她在电影中扮演的红姑形象也应用到生活中去了，平时倒还真是小看了妻子。

潘有声见到胡蝶如此沉着冷静，便也一边偷偷地寻找能够帮助他们离开香港的可靠之人。没过几天，潘有声千方百计地终于和港九游击队联系上了。

原来，这个时候香港的港九游击队和在广东一带活动的东江游击队在爱国人士廖承志的领导下已经展开了营救滞留在香港的文化名人的行动，他们已经成功地营救出了郭沫若、夏衍等文化名人，梅兰芳和胡蝶等人也在他们的营救之列。

胡蝶得知了这个好消息后，一家人自是分外高兴，她开始一边偷偷地变卖物品，一边等待着游击队交通员的到来。

……

几天后的一个下午，门外忽地响起了门铃声。

胡蝶的心一下提到了嗓子眼，她担心是那个和田九郎又来了，这几天她就一直在想这个问题，要是万一有一天和田九郎想出以照顾她身体的名义，送她到日本人那里作孕前检查的话，那就前功尽弃了。这一回，该不是那个讨厌的日本人吧，胡蝶在忐忑不安中打开了大门，只见门外站着一个 20 岁上下的大姑娘，见到胡蝶她笑逐颜开地问道：

“请问你是胡女士吧，我是港九派来接你们的人。”

这位姑娘一边同胡蝶说话，一边向四周警觉地看了几眼，尽管如此，她的脸上还挂着天真的微笑。

“快情进吧，”胡蝶热情地将姑娘请进了屋里，直到这时，胡蝶的一颗心才安定了下来。

胡蝶觉得眼前的这位女孩子，好像在哪里见过一样，这个女孩子怎么这样面熟呢？她到底是谁呢？

见到胡蝶若有所思的样子，那女孩笑了笑说：“我叫杨惠敏，胡女士，那年我在上海当童子军的时候，就看过由你主演的《空谷兰》。”

经她这么一说，胡蝶一下想起来了，她惊讶地指着杨惠敏说：

“你是杨惠敏？你就是那个在日本人的枪林弹雨中给八百壮士送锦旗的杨惠敏？”

1937年10月28日，上海女童子军杨惠敏冒死向坚守四行仓库抗战的第88师262旅524团谢晋元孤军敬献中华民国国旗前的留影。

“你都长这么大了？真想不到今天到我这里来的是当年的那个战地小英雄！”潘有声也满心欢喜地说。

“你们也认识我？”杨惠敏的话语中带着银铃一般的清脆。

杨惠敏的话一下把胡蝶拉到了1937年，她想起来了，那一年，她在报纸上见到过杨惠敏的照片，也是这样爽朗的笑容。

提起这位杨惠敏，不得不在这里交待几句，她可是一位颇有几分传奇色彩的人物。1937年八·一三事变后，日军凶猛地进攻上海。当时，面对日军的攻势，中国军队已经在有计划地战略撤退，但是88师有一个团的军队在副团长谢晋元的带领下，坚守不退，他们在苏州河北岸的“四行仓库”里依托有利的地形，狠狠地抗击着日军。中国军队舍生忘死英勇不屈的精神鼓舞着上海人民，他们纷纷以各种行动支援着谢晋元的部队。谢晋元和他手下的八百壮士和日军进行了两天两夜的浴血奋战。在一个深夜里，一个由童子军组成的战地慰问团冒着枪林弹雨到达苏州河，团长拿出一面锦旗递到一个小女孩的手中说：

“希望你能够把这面锦旗送到战士们的手中。”

这位小女孩就是杨惠敏，当时，她只有十六岁。杨惠敏接过团长手中的锦旗，大声地对团长说：

“请团长放心，我保证完成任务。”

说完，杨惠敏将锦旗放在怀里，冒着日军呼啸而过的子弹，跳进了苏州河。当杨惠敏游到河中央的时候，敌人的子弹更加密集了，但是杨惠敏并没有退缩，她依然义无反顾地向对岸游去。杨惠敏游到河对岸，爬到四行仓库前，战士们用布带把她吊到二楼，当着谢晋元团长的面，杨惠敏亲自把锦旗交到他的手中。

第二天，上海的各大报纸都刊登了杨惠敏冒死送锦旗的事迹，杨惠敏的名字很快传遍了全中国。

胡蝶真没有想到，当年舍命泅水送锦旗的那位女孩子，现在就站在自己的面前！她激动地拉着杨惠敏的手说：

“你就是那个杨惠敏，我听说你后来被政府送到美国去宣传抗日了，怎么现在又到了这里？”

“我早就从美国回来了，”杨惠敏笑了一下说道，“前几年我在重庆的一所学校读书，后来因为不满政府消极抗日，所以参加了一次学生运动，没想到我们竟然遭到了当局的警告，我一气之下就来到了香港，加入了港九游击队。这段时间我们接到了上级的一项任务，就是营救在香港的文化界的知名人士，我们已经送走了好几批了，你这是第五批，也是最后的一批。现在我们的目的只有一个，那就是护送你们全家安全回到内地。”

胡蝶看着杨惠敏，觉得她就是一位巾帼英豪，她没有想到自己一家人生活在日本人的控制之下还会受到那么多人的关注，胡蝶心中一热，几乎感动得流下泪来。她对杨惠敏说：

“你们这样帮助我们全家，我真不知道怎么感谢你们才好。”

“胡女士太谦虚了，营救爱国人士是我们的责任，大家都是一家人。依我看你们当务之急就是要尽快地把东西准备好，做好随时出发的准备，一旦我们与广东那边的东江游击队联系好了的话，我们就来送你们出去。”

杨惠敏走后，胡蝶一家有条不紊地忙碌起来，胡蝶把家里所有值钱的东西都收集在箱子里，为离开香港做好积极的准备。

平时深居简出的胡蝶为了迷惑日本人，也一改过去“养在深闺人未识”的习惯，开始频频地到街头露面，做出一副在香港长期居住的假象来。

其实，日本人和田九郎对于胡蝶那天很痛快地答应去日本拍片的事一直觉得不对劲，近段时间来，一些滞留在香港的文化界的人士接二连三地从香港神秘地消失，这让他觉得很没有面子，为此他已经不知挨过上头多少次责骂。现在，整个香港已经没有几个文化名人了，胡蝶是他们极力拉拢的对象，只要她踏上了日本的领土，他和田九郎就算赢了。可是，对于胡蝶这样的人物，他又不能太过于用强，所以当他听说胡蝶怀了身孕以后，不得不强忍着心中的不快，也就只有等她一年半载再说了。但是，和田九郎心里又害怕胡蝶像其他的文化界人士一样不知不觉在他的眼皮底下消失，所以为了防止胡蝶走脱，和田九郎暗中派出了不少便衣对胡蝶一家人的活动进行了监控。而他更是隔三岔五地往胡蝶的家里打电话，以探听胡蝶到底是否在家。

这一天，胡蝶刚刚走出家门，她就发现拐角处有一个便衣向她这边四处张望，胡蝶知道那是和田九郎的暗哨，她不动声色，暗自决定把和田九郎的人戏弄一番。

胡蝶若无其事地上了车，径直向市场驶去。只见那暗哨一个手势，不知从哪个角落里又走出一个暗哨来，两人交换了一下眼色，其中一个紧紧地跟在胡蝶的后面，另一个则死死地盯着胡蝶的家门口。

胡蝶故意慢慢地将车开到一家米店的门口停了下来，胡蝶走进米店，不一会儿，米店里的伙计将一袋米和两袋面粉及一桶油放在她的汽车上，胡蝶这才慢悠悠地将车开走了。

那暗哨将这一切都看在眼里，直到胡蝶走后，他不放心似的又到米店里去打听情况，出来后，暗哨连忙把这些给和田九郎作了汇报。

“你说胡蝶今天又买了 200 斤大米、100 斤面粉和 50 斤食油？”和田九郎饶有兴趣地问道。

“是这样，这一切都是我亲眼看到的。”

“只是她一下子买这么多东西干什么呢……”和田九郎若有所思的像是在自言自语。

“我看她是在囤积粮食，害怕战局不稳吧。”暗哨在向和田九郎发表着他的高见。

“也许是有这种可能，可是我总觉得这里面好像有什么不对劲呢，”和田九郎用铅笔在纸上画了画，“不管怎样，我们也不能掉以轻心，你们还是要继续注意胡蝶一家人的动向。”

……

胡蝶的葫芦里到底卖的是什么药呢？和田九郎决定对胡蝶来一次投石问路的侦察。想到这里，和田九郎把电话打到了胡蝶的家里：

“是胡女士吗？我是和田九郎，你的生活如果有什么需要我效劳的话，请尽管开口，我一定会安排人对你们给予照顾的。”

“谢谢了，我今天已经到外面购买了不少粮食了，”胡蝶在电话里笑了起来，“这段时间的生活用品也准备得差不多了，估计维持到孩子出世是没有什么问题的，多谢你的关照。”

“胡女士太客气了，这些只是我们应尽的职责而已。”和田九郎会心地笑了。

照这个样子，胡蝶是要在香港长期住下去的了，她既然怀有身孕，又能跑到哪里去，除非她长了翅膀，我这几天可以睡个安稳觉了。

胡蝶在表面上迷惑了日本人，可是怎样才能把家里那些装在箱子里的东西运送出去呢？胡蝶一时犯起愁来，游击队那边的杨惠敏也来过了，对她说游击队可以把这些东西送出去，只是要避过日本人的视线才行。

那些箱子里的物品都是她多年的积蓄，有前些年旅欧时带回来的外国友人送的纪念品，她的高档衣服以及其他的财物，可以说是她们全家的全部积蓄。

几十个箱子可是一个很大的目标，万一处理不当的话，被日本人发觉就不好办了。

"……明着不行，我们暗着来，偷着来又怎么样？"胡蝶喃喃自语道。

"偷着来？……"胡蝶的话不觉提醒了潘有声，他的心底顿时亮堂了许多，"偷……偷梁换柱，对，我们就来个偷梁换柱！"潘有声喜得叫了起来。

"你想到什么好办法了？"胡蝶惊喜地问着潘有声。

"山人自有妙计，管叫他小日本眼睁睁地看着这些箱子从他们的眼皮底下大大方方地运出去……"

潘有声轻声细语地把他的计划说了出来。

……

第二天中午，一辆满载崭新家具的汽车忽地在胡蝶的家门口停了下来，胡蝶听到汽车的声音，慢慢打开了大门，只见潘有声兴冲冲地对她说道：

"瑞华，你看，这些家具漂亮不漂亮？"

"你买这么多新家具干什么？家里也不是没有家具用？"胡蝶故意大声地说道，把旁边监视的暗哨的注意力吸引了过来，"这样一来的话，家里原来的那些家具又放到哪里去呢？我们家里已经没有地方可以容纳得下这么多的家具了！"

潘有声大手一挥："那些旧玩意，全都把它扔掉算了，反正也值不了几个钱。"

"只是有些可惜……"胡蝶似乎有些怅然若失的样子。

"不要想那么多了，我听这些民工说有一个地方专收旧家具，等一会儿我把这些旧家具卖给他们，不是一样可以变卖些钱来，这可是一举两得的好事儿，何乐而不为！”

潘有声一边说着，一边指挥着工人把家里藏着箱子的旧家具全都搬上汽车，

然后拉着这些“旧家具”飞驰而去。

其实，这就是潘有声早设计好的偷梁换柱之计，胡蝶的那几十个箱子全部装在旧家具里面，那些工人全都是游击队员化装成的。

潘有声按照游击队指定的地点，把那些装满全部家产的箱子神不知鬼不觉地转移了地点。

那几个盯梢的暗哨赶紧把发现的新情况向和田九郎作了报告。

“你们看见胡蝶又买家具了？”和田九郎摸着丹仁胡子喜出望外地问。

“是的，这都是我们亲眼所见，胡蝶的丈夫今天拉回了一车子崭新的家具。”

“难道说胡蝶真的要在香港生小孩了？”和田九郎自言自语地说道，“女人们大都有着与生俱来的母性，一个马上要做母亲的女人又能跑到哪里去呢？胡蝶，你终究还是飞不出我的手掌心。”

和田九郎想到这里，不禁得意地笑了起来。

……

这天晚上，杨惠敏带着一个精壮的汉子来到胡蝶的家里，胡蝶打开门往外面看了看，发现她家的斜对面还有一个日本的暗哨在朝她这边张望，便大声地对杨惠敏说道：

“哎呀，我说今天怎么老是眼皮子不停地跳呢，原来是有稀客要来了。”

“咦，你们家什么时候换了新家具了？”杨惠敏故意装作吃惊的样子问道。

“这是刚换不久的……”胡蝶说到这里，一下关上大门，随即紧紧地握住杨惠敏的手，激动不已地说，“惠敏，想死你了，你那边都准备好了吗……”

“一切都办妥当了，明天你们就可以动身出发，”说到这里杨惠敏又指着身后的那位精壮的汉子说，“你看我光记着和你说话，把主要的人都忘记了，这是专门负责你们这次离开香港的王大哥。”

“王大哥，真是太谢谢你了。”胡蝶想到那些为了营救她一家人的同胞，不知说些什么才好。

“胡女士太客气了，这些只是我们应尽的责任而已。”

“我们明天就可以动身了。”杨惠敏喝了一口茶，兴冲冲地说。

胡蝶听到这里，一颗心不觉激动得怦怦地跳了起来，她兴高采烈地说：

“这一天终于等到了，一路上好走吗？我们一家十几口人在路上不会发生什么意外吧，听说日本人现在在罗湖桥把守得很严？”

杨惠敏胸有成竹地对胡蝶说道：“胡女士，我们已经营救了好几批文化界的人士了，至于路上的事情，请你不必担心，一路上都有我们的人来接应，保证你们能够平安地离开香港。”

胡蝶下意识地朝四周望了一下，明天就要离开这个家了，胡蝶的心里泛起一股复杂难言的滋味。

“为了不引起别人的注意，明天天不亮的时候我和王大哥就在巷子口那边接你，”杨惠敏轻轻地嘱咐道，“到时你们应该分批出来，你和潘先生装作走亲戚的样子。这个时候我们是不能从罗湖桥经过的，免得日本人发现。”

“不从罗湖桥走，我们也可以离开香港吗？”胡蝶一时疑惑起来。

旁边的王大哥轻轻笑了一下说：“我是本地人，对香港四周的环境相当熟悉，有一条小路可以绕开日本人的耳目，只是那是一条山路，胡女士可要做好走山路的心理准备……”

“只要能够离开香港，这一点苦又算得了什么，可是如果走山路的话，我那几十个箱子可以一起走吗？”胡蝶放心不下那些凝聚着她多年心血的财产。

“这个请胡女士不必担心，”杨惠敏郑重其事地说，“这一次我们离开香港，因为是步行，所以箱子不能一同带走，那样的话目标太大反而容易引起别人的注意。明天我和王大哥接你们出来后，我便赶回去和另外几个人一起带着你的箱子从罗湖桥上离开香港，到时我们在惠阳见面，如果万一在惠阳见不上面的话，我们再在曲江见面。”

听到杨惠敏这么一说，胡蝶的心里这才安定了下来。她发现杨惠敏是一个大胆心细、办事利落的女孩，由杨惠敏这样的人护送那几十个箱子应该是没有什么问题的。

……

1942年8月27日，是胡蝶一家从香港逃亡的日子。

这天早上，天刚蒙蒙亮，胡蝶一家人乘着迷蒙的雾色走出了家门。他们在杨惠敏和王大哥的带领下，不走大路专走小巷，走出城区后，就径直向一条山间小路奔去……

祸不单行

胡蝶一家历经千辛万苦终于到达了第一目的地曲江。

胡蝶打算等杨惠敏把行李托运过来后再作下一步的打算，可是一连许多天过去了，一直没有杨惠敏的消息。

他们一家只得暂时住在江边的一艘客轮上，继续等待。当地的一些绅士看到胡蝶一家生活窘迫，主动集资给胡蝶盖了几间小房子，胡蝶这才在曲江有了一个固定的家。

胡蝶在曲江左等右等，一直等不到杨惠敏的消息。想到那几十个箱子，胡蝶渐渐有种不祥的预感。这段时间里，由于曲江这个地方实在太小，什么生意也不能做，所以一家人只能靠胡蝶随身所带的一些积蓄过日子。

曲江因为地处交通要道，所以日军对其一直是虎视眈眈。随着战火的逼近，国民政府不得不做出了向大后方撤退的准备。

面对越来越糟的局势，胡蝶一家人也只好再次踏上逃亡之路。

从曲江到重庆，不知要走多少时间，要费多少波折？胡蝶和潘有声决定，走一程算一程了。

胡蝶此时手中的积蓄已经所剩无几，汽车当然是雇不起的了，全家老小只能挤在一辆破旧的马车里，随着逃难的人群向后方撤去。

半个多月以后，胡蝶一家人终于到达广西桂林。

此时国民党因为取得了昆仑关大捷，所以暂时阻止了日军的进攻态势。

潘有声见桂林离战火尚远，于是他和胡蝶商量，决定先在桂林住上一段时间，一来可以做些小生意贴补家用，二来可以等待杨惠敏把行李押运过来，然后他们全家就可以直接乘飞机去重庆了。

胡蝶见手头的钱财越来越少，也只好同意这样做了。

这时候，胡蝶离开香港已有近一年的时间，可是杨惠敏负责托运的那几十个箱子一直没有运送过来。胡蝶多方托人打听杨惠敏的下落，可是杨惠敏好像在人间消失了一样，连个影子也找不到了，胡蝶的心里渐渐地感到有些不安。会不会是杨惠敏在路上出了事？

1938年8月，中国女童军代表杨惠敏出席美国纽约世界学生大会。

胡蝶因为长期等不来从香港托运的那些家产，一家人的生活自是每况愈下，昔日的影后，此时已与村妇没有什么两样。战局如此混乱，桂林也不是久留之地，胡蝶此时只盼杨惠敏能够早日把她的行李托运过来，好让他们全家早日到达重庆大后方。

“我们交给杨惠敏的那些箱子总不至于全部都丢失了吧？”胡蝶望着潘有声说。

“杨惠敏那么机警，我想不至于把东西全部都丢了。”潘有声安慰着胡蝶。

他知道那几十个箱子是胡蝶的全部积蓄，有些东西还是难以用金钱来衡量的，如果全部丢失的话，对于胡蝶来说无异于是一次致命的打击，此时他只有尽量地劝慰胡蝶，再通过各种渠道打听那几十个箱子的下落。

过了几天，潘有声终于得到了可靠的消息，这个消息让他几乎无法面对胡蝶。

看着潘有声的脸色，胡蝶急不可待地追问道：

“有声，那些箱子到底到什么地方去了？”

潘有声用双手捧着脸，他实在不敢面对胡蝶的那双眼睛：

“我都打听到了，据可靠的消息说，我们交给杨惠敏的那几十个箱子在转运的过程中出事了，被抢了……”

潘有声一拳击在自己的大腿上。

那些日子，胡蝶老是感到自己被一根线悬着，现在那种可怕的预感终于被证实了！……胡蝶再也支持不住了，她只觉大脑里一片空白，眼前一片黑暗，气血攻心的胡蝶一下栽在潘有声的怀里昏了过去……

胡蝶病倒了。

胡蝶怎么也想不通杨惠敏会把事情办砸。胡蝶将病恹恹的身子靠在床头上，两眼无神地望着潘有声：

“你说那杨惠敏是好人吗？”

“我想她应该是个好人，”潘有声握着胡蝶的手说，“她花费那么大的心思将我们带出香港，绝对不是那种见利忘义之人。”

“我想也是的，可是如果东西遭受到坏人抢劫的话，她为什么不给我们讲清楚呢？”胡蝶疑惑地问道。

“是不是她自己也遭受到了什么不测呢？”潘有声低头沉思起来。

……

没过几天，胡蝶丢失大量财产的消息就传开了，新闻界对此大肆渲染，一些报纸的记者在没有进行深入调查的情况下便无中生有地对杨惠敏进行了措辞严厉的攻击。没想到当年的童子军英雄杨惠敏没有在日本人的枪林弹雨中屈服，现在却见钱眼开地被胡蝶几十箱子财产所击倒了。

此时，远在重庆深居简出的杨惠敏看到报纸上对她所作的种种猜测，她觉得自己实在是太委屈了！自己为了营救胡蝶一家费尽心机，与自己相爱多年的情人也在这次行动中丧命，可是不知详情的外界却对她横加指责。如果在这种时候自己不站出来说话，恐怕要背上不仁不义的罪名。

杨惠敏仔细地考虑了几天后，决定向新闻界发表声明，以此来证明自己的清白之身。

杨惠敏约见了记者，她对记者说：

“我于香港沦陷后，曾秘密往来香港多次，营救过二百多位文化界知名人士回到内地，无一人丢失财物。为胡蝶女士运转的财物因兵荒马乱时局动荡，在转运途中遭到土匪的洗劫，我的未婚夫为了保护胡蝶女士的财物已惨死在土匪的枪下，报纸上对胡蝶丢失财物一事说是我私吞财物，实乃记者不负责任的猜想而已。”

尽管杨惠敏在报纸上坚称自己的清白，可是因无人作证，所以胡蝶的财物是劫是骗，一时谁也说不清楚。

胡蝶在报纸上读到杨惠敏的声明后，想到杨惠敏已在重庆居住，所以决定立刻到重庆去找杨惠敏问个明白。

1944 年初，由于日军加紧了对广西的进攻，因而桂林城内的许多官员开始陆续向大后方撤退，面对着这种动荡不安的局势，胡蝶和潘有声也决定到重庆去避难。

在日军逼近桂林的时候，胡蝶一家人终于乘上了去重庆的飞机。据说紧张的机票是戴笠帮他们搞定的。

原来，在获悉财物遭劫的消息后，胡蝶心急如焚，急忙向当局报案。因一时未能破案，胡蝶苦思成疾，在桂林大病一场。胡蝶又向昔日在上海时的好友杨虎夫妇、杜月笙等求助，后者立即致电戴笠，请他帮忙破案。戴笠闻此消息，一面派人查案，一面电邀胡蝶夫妇飞赴重庆。

军统桂林站的特务奉命为胡蝶夫妇买好机票，并将机票送到胡蝶夫妇手中。于是，胡蝶夫妇于 1942 年 11 月 24 日飞抵重庆，并应杨虎、林芷茗夫妇邀请，住进了范庄杨虎的公馆。

蝶之生存法则

[1]

23 岁的胡蝶已是上海滩大名鼎鼎的当红明星，但是在潘有声的面前，胡蝶只是一位很平常的女孩。胡蝶从来没有摆什么明星的架子，她也没有像其他的女艺人那样把成名当作一种跳板。

在胡蝶同林雪怀的情感出现了危机后，胡蝶的身边总少不了一些出身豪门的男人乘机向她大献殷勤。对于这些人的主动示爱，胡蝶一直没有理会，却选择了普通的商行职员潘有声作为男友。有过一次情感经历的胡蝶在对待男女之事上变得相当理智，初恋带给她的伤痛不得不让她在这方面变得小心谨慎起来。

这一次，胡蝶在处理爱情的事情上没有像以前那样显得盲目和狂热，她虽然在心理上已经接受了潘有声，但是她一直采取“冷处理”的态度，她想保持那种自由来往的身份。在同潘有声认识后相当长的一段时间里，他们从来没有在公众场所双双出现过。对于这一点，潘有声理解胡蝶的良苦用心，他显得相当的大度和豁达，有那么一段时间，他们的爱情颇有几分“地下”的味道。

当亲朋好友劝她把婚姻大事定下来时，胡蝶却坚持冷处理：

“前车之鉴，至今记忆犹深啊，如果当初我不同林雪怀订下婚约的话，恐怕也不会有这场官司之累了。每当我想起这件事时，心里总是有种隐隐作痛的感觉，哪里还敢轻易地作出这种决定，况且，婚姻大事儿戏不得。命中有时终会有，命中无时莫强求，爱情这东西我看还是随缘一点为好。”

此处体现了胡蝶“绿色性格”的外表：稳定低调，与世无争，天性宽容，怀平常心、做平常事。

成名后的胡蝶对于演电影依旧有种近似虔诚的执著，她依然早出晚归地奔跑在明星公司的摄影棚之间。她的敬业精神，她和导演以及摄影师们合作的那种专注，让每一个同她一起工作过的人都为之感动和佩服。

胡蝶和潘有声的恋情是在一种自然状态下低调发展的，在胡蝶的心里，她始终把拍电影放在第一位。

她是为电影而生的，电影已经融进了她的生命里。

此处体现了胡蝶“黄色性格”的内心：小事糊涂、大事清楚，目标明确，事业为重，坚定自信，追求成功，追求人生价值的最大化。

[2]

在香港受困期间，日本人协迫胡蝶去日本拍《胡蝶东游记》的电影。

胡蝶立刻意识到：这一招好歹毒，到日本去拍电影，跟卖国贼又有什么两样！胡蝶揣摩到了和田九郎的险恶用心，但这些在她的脸上都没有表露出来，她浅浅地一笑说：

“承蒙你们如此看得起我，我个人也觉得这个主意不错，只是我自1937年已经退出影坛，我们中国有句古话，叫做君子一言，驷马难追，现在让我改变初衷，确实有些说不过去吧。”

胡蝶的这番话说得很巧妙，有种绵里藏针的机智。

胡蝶看到和田九郎大有恼羞成怒的味道，一时好不彷徨。她要是不答应此人的话，她们一家就难逃日本人的魔掌，可是要是应承下来，自己岂不成了千古罪人？当务之急是先要把这个讨厌的和田九郎打发走，以图后计……

此时，胡蝶倒显得十分沉静，她对着和田九郎粲然一笑道：

“难得和田九郎先生如此盛情，我要是推辞不去的话，确实显得有点却之不恭了，你说是吧，和田先生？”胡蝶向和田九郎抛了一个小小的媚眼，“想我胡蝶数年前曾到欧洲去过，如今又有机会到日本一游，岂不快哉，如此名利双收之事又何乐而不为呢。”

“胡蝶女士决定何时动身？”和田九郎紧追不舍地问。

“这个吗，可能我一时还去不了。”胡蝶故意吊着和田九郎的胃口。

“这个又是为什么呢？”和田九郎不知是计，果然被胡蝶说得猴急起来。

胡蝶拉着潘有声的手，做出那种女人的幸福感说：

“我已经有三个月的身孕了，等我分娩以后再说好吗？有你和田先生从中斡旋，我想这一点方便应该没有什么问题吧。”

日本人离开后，胡蝶才向潘有声和盘托出了她的计划：

“事情到了现在这个地步，我看我们只能明修栈道，暗度陈仓了，”“我想那和田九郎也非等闲之辈，从他今天离开时的神情我感觉他并没有全部相信我的话，只是一时没有撕破脸皮而已，所以在表面上我们仍然要对日本人装出亲和的姿态来。这样的话，我们才能够真正地迷惑住日本人。另外，我们要在这个时间内暗中把我们的一些东西化整为零，该处理的处理，该变卖的就变卖，一旦有了好的时机的话，我们就可以以最快的速度离开香港。”

胡蝶能从香港成功脱险，应归功于她的“绿色性格”的外表迷惑了敌人，至少让对方不至于立刻翻脸，为他们“暗度陈仓”赢得了宝贵的时间和空间；此外，还要归功于她的“黄色性格”的内心：大是大非清楚，目标导向明确，坚定自信，快速决断。

[3]

在获悉自己的全部财物遭劫的消息后，胡蝶心急如焚，急忙向当局报案。

因一时未能破案，胡蝶苦思成疾，在桂林大病一场。胡蝶又向昔日在上海时的好友杨虎夫妇、杜月笙等求助，后者立即致电戴笠，请他帮忙破案。戴笠闻此消息，一面派人查案，一面电邀胡蝶夫妇飞赴重庆。

军统桂林站的特务奉命为胡蝶夫妇买好机票，并将机票送到胡蝶夫妇手中。于是，胡蝶夫妇于 1942 年 11 月 24 日飞抵重庆，并应杨虎、林芷茗夫妇邀请，住进了范庄杨虎的公馆。

俗话说，养兵千日用兵一时，胡蝶以她稳定低调，与世无争，天性宽容，亲和力强的“绿色性格”的外表广交朋友，甚至化敌为友，到关键时刻，这些朋友都起到了关键作用。

胡蝶与戴笠

胡蝶说她不爱戴笠，却“被迫”与他过起近三年的同居生活。

这也是胡蝶与阮玲玉的不同，阮玲玉无论与哪个男子在一起都是为了爱，如果没有爱便宁愿自毁自己。

胡蝶不，她可以一滴泪也不掉地等待时间来化解一切“误会”。

后来在胡蝶的回忆录中，她根本就没有提及这段历史。从这点上也可看出胡蝶处世的圆润。胡蝶“绿加黄”性格组合的优势由此可见一斑。

我们不妨暂且将其称为：一个熟女的处世之道。

一见钟情

胡蝶到达重庆后，暂时借住在昔日闺蜜林芷茗家。

这林芷茗是胡蝶幼时的好伙伴，她们从小学到中学一直是无话不谈的好朋友，两人曾私下结为姐妹。后来胡蝶在银幕上大放光彩的时候，林芷茗凭她的美貌嫁给了当时的上海警备司令杨虎。

林芷茗对胡蝶一家视若上宾，她在胡蝶的家人面前从来没有摆什么官太太的架子，这一点让胡蝶大为感动。过了一阵子，林芷茗见胡蝶的健康有所恢复，便决定为她举办一次家庭派对。

胡蝶是电影界的名人，所以林芷茗请来了不少军政界以及电影界的知名人士参加晚会。

杨宅的舞厅里灯火辉煌，前来参加宴会的嘉宾聚在一起嘻嘻哈哈地谈论着各种轶闻趣事。

对于这种宴会，胡蝶本来没有什么兴趣，只是碍于林芷茗的面子，她只好强打精神和各位来宾一一地点头寒暄。经历过人生大起大落的胡蝶面对着这种灯红酒绿的场面，不觉别有一番心绪。

正在这时，忽然有人大声叫道："戴局长到——"

听到了这声通报，大厅里顿时静了下来。当戴笠走进大厅的时候，一帮人像预定好似的不约而同的鼓起掌来。

来人正是军统局的特务头子戴笠，只见他对大家摆了摆手说：

"很高兴能够参加今天的这场酒会，胡蝶女士能够从香港返回陪都，实在是一大幸事，雨农有幸来此，确实是荣幸之至，请大家不必拘束，这么好的地方，大家如果不尽情地跳上一曲的话，那真是有拂杨司令的面子了。"

戴笠的话音刚落，舞曲立即又响了起来。

此时，看着翩翩起舞的人群，戴笠的脸上挂着那种职业性的笑容，他的眼睛像探照灯一样在女人堆里扫来扫去，这样的场合，他当然要找一个配得上他身份的人来和他共舞一曲。

戴笠的目光无意中扫到了胡蝶的身上，随即他的眼睛顿时睁大了，电影皇后，果然与众不同啊！戴笠在心里惊叹道。

第一次见到胡蝶，戴笠就被胡蝶那端庄的容貌深深吸引了。

今天来得真是时候，不然的话就错过了与这位名牌影后打交道的机会了。

胡蝶的身上像是有一块巨大的磁场，戴笠不由自主地向胡蝶走了过来。

“这位是胡蝶女士吧？”戴笠轻声细语地问道，连他自己都感到奇怪，平时只有别人这样对他，今天自己怎么变得这样温柔。

这时林芷茗抢先一步过来拉着胡蝶的手，讨好似的对戴笠说：

“你们两位可是今晚的贵宾，我来介绍一下，这位是戴局长，这位是我的同学，刚从桂林来到重庆的胡蝶……”

戴笠那双小眼睛一直在胡蝶的身上扫来扫去：“应该说是从日本人眼皮底下勇敢回到内地的影后，胡蝶女士不受日本人的诱惑，毅然返回内地，本身就是对抗日事业的一种支持，戴雨农今日能够在此与胡蝶女士相会，委实是三生有幸矣！”

“戴局长过奖了，”胡蝶谦逊地说道，“多亏戴局长百忙之中为我们搞到机票，令我们一家感激不尽。”

“区区小事，何足挂齿。胡小姐，你知道吗，我还是你的一位影迷呢！”戴笠极力地讨好着胡蝶，“我看过你主演的《啼笑姻缘》，还有《火烧红莲寺》等好几部电影，我真想把你主演的电影全部看完，只可惜因公务繁忙，无暇一一

胡蝶与戴笠

顾及。”

“能够得到戴局长的垂青，真是让人不敢当啊。”胡蝶不卑不亢地说道。

“胡小姐这样说实在是太客气了，”戴笠不依不饶地说道，“想当年评选影后我还投过胡蝶小姐一票呢，那个时候我就把胡小姐当作我心中的偶像，所幸苍天有眼，今天有幸能够与胡小姐在此相见，雨农得偿所愿。今天我想请胡小姐共舞一曲，我想胡小姐一定会给雨农这个面子吧。”

“瑞华，跳一曲吧，你就不必在他的面前摆什么影后的架子了。”林芷茗怂恿着胡蝶说，“我知道你这几天身体不是太好，不过看在我的面子上你怎么也要和戴局长跳上一曲。”

在悠扬的华尔兹舞曲中，戴笠紧紧地搂着胡蝶，他那双眼睛死死地盯着胡蝶。胡蝶若即若离地和戴笠保持着距离。

看着高傲的胡蝶，戴笠的心里酸溜溜的很不是滋味。在戴笠以前玩过的女人中，那些女人无不是对他曲意逢迎，只有这个胡蝶却对他不冷不热、不温不火……我们这是谁钓谁呢？……

一曲终了，胡蝶与戴笠互致谢意后，她独自一人走到一边默默地喝着饮料。

“戴局长今日与影后共舞一曲，当真是风光无限啊。”林芷茗走过来打趣地说道。

“佳人虽好，却不能为雨农所有，哈哈。”

戴笠痴痴地望着胡蝶的背影，心中好一阵失落。

也就是在这种时候，戴笠的心中有了怦然一动的那种久违的激情，他不得不承认，自己是爱上胡蝶了。他，戴雨农，这个从事特务工作的冷血动物，第一次对女人动了感情——胡蝶，我一定要让你成为我的女人！戴笠下意识地握紧了拳头。

再说那林芷茗的老公杨虎，原来是上海的警备司令，在上海滩也是个了不得的人物，可是当日本人进攻上海后，他不得不带着一大帮家眷退到陪都重庆。

当时，在重庆像杨虎这样退到大后方的官员不知有多少，重庆方面一时安排不下这么多的人，只好让他们赋闲在家，虽然有一份可观的薪水，但却是有职无权了。为了谋得一官半职，许多人想尽一切办法打通关节，希望能够得到重用的机会。戴笠是蒋介石身边的红人，自然有不少人极力地讨好他。

当时杨虎见到戴笠脸色有些难看，也不知道是哪方面出了差错，于是连忙走到戴笠的身边问道：

"戴老板不去跳舞，难道有什么心事不成？"

"这里太嘈杂了，到楼上我的书房一叙吧。"

杨虎看到戴笠的这副样子，猜不出到底是谁得罪了他，为了探个究竟，于是把他请上了楼。

戴笠一言不发地跟在杨虎的后面上了二楼。杨虎亲自为戴笠泡了一杯碧螺春：

"戴老板，什么事让您这样的人物不开心……"

戴笠呷了一口茶，并把茶水含在嘴里，轻轻地闭上眼睛，好像在是品茶一样，好半天，戴笠的喉咙才动了一下，他才慢慢地睁开眼睛，问杨虎道：

"杨司令，你在上海这么多年，对胡蝶的底细一定知道得不少，你知道她的丈夫是干什么的？"

直到这时，杨虎才知道戴笠失魂落魄的原因，怪不得刚才他阴沉着脸不说话，原来他的一门心思全都在胡蝶的身上。

这杨虎原来在上海滩也是一个手眼通天的人物，戴笠只这么问了一句，杨虎就自然猜到了他心中的小九九，戴笠话音刚落，杨虎就哈哈大笑了起来：

"戴老板问的是潘先生啊，他原来是上海一家洋行的一名职员而已。"

"只仅仅是一名普通的小职员么？"戴笠不相信似的望着杨虎。

"潘先生虽说只是一名职员，但却颇有经商头脑，为人也相当正派。"

"真是让人感到不可思议，"戴笠低着头说道，"胡蝶这样一位女中的凤凰，竟会看上洋行的一名职员？像她这样一位优秀的女名星，为什么要找这样一位平平常常的小职员做丈夫呢？”

“男女之事，确实让人无法说得清楚，”杨虎为了讨好戴笠，便将胡蝶的底细全都抖了出来，“胡蝶原来的丈夫是一个没有什么发展前景的小演员，后来不知怎的和胡蝶打起了官司，可能是那件事让她受了刺激，所以想找个稳妥一点的男人吧。对于胡蝶的这种选择，许多人都闹不明白，也许像她这种事业型的女人想找个可靠一点的男人免得日后再起风波吧。”

“真是一朵鲜花插在了牛粪上！”

这个戴老板当真对胡蝶一见钟情了？杨虎不觉惴惴地想道。

果然，过了一会儿，戴笠终于向杨虎摊出了他的底牌：

“这个胡蝶，哈哈……说句不怕你见笑的话，直到现在，我的眼前还老是有胡蝶的影子在晃来晃去……杨司令，这次你具备了天时地利人和的条件，你可一定要帮我一把。”

杨虎没有想到戴笠把这个烫手的山芋扔给了他，他不觉感到有些为难：帮他吧，胡蝶可是自己老婆的结拜姐妹；不帮他吧，自己升官发财的梦可就断了。

这里可不是上海滩，杨虎哪里敢得罪委员长身边的这位红人，更何况，他还有求于戴笠。杨虎权衡再三，终于下定决心帮戴笠成全他的好事：

“胡蝶现暂住在我家中，一时半刻她不会走的，我一定尽力成就戴局长的好事。”

戴笠见杨虎答应了他的要求，欢喜道：

“老杨，这件事如果成功了的话，我一定不会忘记你的好处的。”

杨虎听到戴笠对他许下了“好处”，不禁高兴得心花怒放，他主动请缨道：

“雨农，你有什么好的办法尽管开口，我一定极力帮你从中打点。”

“对付这种有名望的女人，是不能来硬的，否则那可就是狐狸没打着，反惹得一身骚。这件事还得从长计议，心急是吃不了热豆腐的。”戴笠得意地笑了起来。

情网恢恢

却说那杨虎送走戴笠后，想到如果帮他成全了与胡蝶的好事，官运亨通也就指日可待了。想到此处杨虎不觉兴奋得哼起了小曲子回到了卧室。

杨虎见到林芷茗正在整理床铺，不禁走上前去搂着林芷茗说：

“老婆，我不久就要平步青云了。”

“看你得意的这个劲头，是不是戴老板对你说过什么话了？”

林芷茗见到刚才杨虎把戴笠请上了二楼，还以为戴笠对他许过什么承诺。

“这就要看我们怎么做了……”杨虎故意在林芷茗的面前卖起了关子。

“你现在整天都在家赋闲，还能做些什么？”林芷茗被杨虎说得一头雾水。

“我现在告诉你一个小秘密，戴老板看上你那结拜的姐妹胡蝶了！”杨虎故作神秘地说。

“他看上瑞华了！那怎么能行，人家已经是几个孩子的妈妈了！”林芷茗小声惊叫起来，“你没有把瑞华的情况对戴笠说么？”

杨虎不耐烦地推开林芷茗的手说道，“你和她就是亲姐妹又能怎样，我可告诉你，这件事可不要泄露出去，戴老板看中的东西还能跑得出他的手掌心么。只要我们这次能够从中撮合的话，还怕我没有升官发财的机会？反之如果我们得罪了戴笠，在重庆我们还怎么能混得下去！”

听杨虎这么一说，林芷茗就吓得不敢说什么了。

过了几天，戴笠并没有再到杨虎的家里来，潘有声见胡蝶的身体进一步得到了康复，便利用手中的一点积蓄在外面开了一家药品公司。

胡蝶这时已经在杨虎的家里住了半个多月了，她想老是住在别人家里也不是办法，尽管林芷茗和杨虎对她的一家人都十分友好，但胡蝶总觉得有些过意不去。她想尽快挣一些钱，然后在重庆置一处房子，那样的话，生活也就算安定下来了。

胡蝶想起前几天在宴会上遇到的中央电影公司的司马导演对她谈起拍电影的事情，那个剧本她已经看了，觉得还比较不错，胡蝶准备接下这部电影。这样一来的话，她就可以重新走上银幕了。

这天，胡蝶正在家中读剧本，仔细地揣摩着剧本里的人物和情节，却见潘有声从外面回来了，有些恼火地对胡蝶说道：

“今天也不知是怎么回事，不知从哪里来了几个人跑到我的店铺里，说是要查违禁物品！想我潘有声从来都是守法经商，哪里会有什么违禁物品，真是让人莫名其妙。”

胡蝶安慰他说道：“查就查呗，反正我们也没有做过什么违法乱纪的事情，相比较而言，我们在这里比以前逃亡的生活强得多了。”

过了几天，胡蝶在家人牵挂的目光中远赴桂林拍电影去了。

可是没有想到，当他们外景队刚刚到达目的地时，就遇到了日军猛烈地进攻湘桂铁路。面对日军的突然攻势，国民党军且战且退，胡蝶和外景队的成员夹杂在逃难的人群中没命地向后方退去，一路上的艰辛自是苦不堪言。

当胡蝶回到重庆、回到杨公馆的时候，林芷茗看到她那副狼狈的样子，几乎都认不出来了。

“瑞华，你这是遭的什么罪啊……”母亲见到胡蝶，一下子心疼得哭了起来。

“妈妈，你怎么变成这个样子了……”两个孩子躲在外婆的身后，怯怯地望着胡蝶问。

胡蝶连忙跑到房间里换了衣服，洗了把脸这才走了出来。

“有声呢？他这几天的生意还好吧？”

不料胡母哀声叹气地说：

“就在你走后不久，有声店里来了一伙警察，把有声抓走了，店里的几个人全部都抓走了，到现在连他们关在哪里都不知道。”

“啊！”胡蝶只觉眼前一黑，整个人一下子瘫在了地上。

“瑞华！”胡母和林芷茗急得大叫起来，两个孩子也在一边吓得哭个不停。

过了好久，胡蝶才悠悠地醒了过来，她望着一脸焦急的林芷茗，一把抓住对方的手说：

“林芷茗，你一定要救救有声，看在我们多年姐妹的分上，你可一定要让杨司令想办法把有声救出来，在这里我们一家人全都靠你了！”

“瑞华，我和你一样焦急啊，杨司令前几天有事到外地去了，说是要十天半月的，他不在这里，我一个女人家又能做什么呢，我也找了不少熟人打听来着，可是……”

林芷茗在嘴上这样说着，其实她心里已经猜测到这可能是戴笠搞的鬼。看着哭成泪人儿的胡蝶，林芷茗心里感到一阵愧疚，她哪里想做这种损阴德的事呢，只是她一想到戴笠那样的人物，在心里就不寒而栗。戴笠这样的男人，一生中不知道玩过多少个女人呢，他现在既然看上了胡蝶，……唉，女人长得太漂亮，也是一种悲哀啊，林芷茗在心中无可奈何地叹息了一声，她现在只能眼睁睁地看着胡蝶走进戴笠挖好的陷阱里。再说这件事情关系到她丈夫杨司令的前程，她哪里又敢透出半点风声，那样的话，只怕自己连杨太太的身份也保不住了。

胡蝶一时心乱如麻，她见林芷茗帮不了她，只好强打精神自己到外面去打听潘有声的下落。

胡蝶以为潘有声是被当地的警察抓去了，可是当她到警察局里去询问时，却一点下落都问不出来。

胡蝶此时哪里想到这一切都是戴笠和杨虎暗中想好的计谋，抓走潘有声的是军统局里的人，而杨虎则乘这个时候以公事为由离开重庆，不然的话，倘若他在家里的话，胡蝶找上门来，他杨虎是怎么也推辞不掉的。他们这样做的目的只有一个，那就是逼迫胡蝶去找戴笠，并乘机要胡蝶就范。

胡蝶的这副模样让林芷茗也十分担心，她生怕胡蝶一时想不开而自寻绝路，那样的话岂不是偷鸡不成蚀把米了。胡蝶要是有个三长两短，戴笠抱不得美人归，要是怪罪下来，那可不是她家的杨虎能够承担得了的。

林芷茗觉得应该到了向胡蝶透点口风的时候了。

这天中午，正当胡蝶和母亲商量到哪里去打听潘有声的下落的时候，只见林芷茗风风火火地从外面跑进来，假装急迫地对胡蝶说：

"瑞华，我打通了不少关节，才知道了潘先生的下落……"

"有声现在在哪里？！"胡蝶急不可待地问道。

"听人说，他们几个是被军统的人抓走了，军统的人说潘先生私通共匪，弄得不好可能……"

"这是不可能的，"胡蝶急切地说，"我们有声一直做的是正当的生意，林芷茗，你帮我向那些人说点话，让我去见有声一面。"

"现在不要说见面，恐怕不及时解救的话，潘先生的性命都无法保住的。"林芷茗说，"军统可不是好惹的，听我们家老杨说，就是他平时也要对军统的人敬让三分的。"

"啊？"胡蝶悲怜地叫了一声，不禁方寸大乱，痛不欲生。

"瑞华，不如你直接去找戴老板吧，就是上次到这里和你跳过一次舞的那位，只要他说一句话，潘先生保证能够平安无事回来。"林芷茗不失时机地提醒胡蝶说。

"可是……我同他并不是很熟悉，他会帮我么？不如你和我一起去找找他……"胡蝶不觉迟疑起来。

"你可是中国的一代影后啊，只要你去亲自找他的话，我想比我家的老杨还要强得多，"林芷茗怂恿着说，"你难道忘记了么，那个戴局长可是你的影迷，他可是你的崇拜者呢，我想他现在可能是因为工作过于繁忙，根本不知道潘先生被抓一事，不然的话，潘先生只怕早就被放出来了。其实你是不了解那位戴局长，外界传闻他杀人如麻，那只是他的工作需要而已，据我所知，他可是一个至情至性的人，你去见了他就会知道我没有骗你。”

“既然是这样的话，我就只好亲自去找戴局长帮忙了。”胡蝶无奈地说道。

话说戴笠这几天的心情相当不错，每天晚上他独自一人呆在别墅的放映室里观看胡蝶的影片。他觉得自己的计划相当顺利，潘有声现在身陷囹圄，不愁胡蝶不来，只要胡蝶有求于他，那他就可以把胡蝶把玩于股掌之中了。

戴笠今天看的是由胡蝶主演的《啼笑姻缘》，看了两集，戴笠不想再看下去了，好东西应该慢慢地欣赏。戴笠惬意地伸了个懒腰，精神焕发地从放映室里走了出来。

“报告局长，外面有人求见……”一个侍从官轻轻地走到了戴笠的跟前。

“这么晚了，不见！”

“局长，来人是胡蝶女士……”那侍从官小心地说道。

“啊，是胡蝶来了，”戴笠惊叹地叫了一声，随即吩咐道，“快点把她请进来！”

她终于来找我了，戴笠的那颗心禁不住怦怦地跳了起来，他下意识地拢了拢头发，然后整了整中山装。

当看到胡蝶随着侍从官进来后，他连忙快步地迎了上去：

“影后驾临寒舍，雨农有失远迎，还请影后见谅。”

胡蝶这次求见戴笠，原来并没有抱多大的希望，此时见到戴笠如此热情，当下也堆起笑脸说道：

“戴局长能够在百忙中抽出时间来接见我，倒真是令我受宠若惊了，我还以为戴局长把我忘记了呢。”

胡蝶这几天为了潘有声的事情连日奔波，她虽然化了淡妆，但是依然掩饰不住脸上的那份疲倦，这种疲倦此时在戴笠的眼里更是显得娇态可掬，人见犹怜。

见到胡蝶的笑容，戴笠心中的那股欲火不觉腾地窜了出来，他接着胡蝶的话说道：

“胡蝶女士可是我心目中的偶像，能够与偶像一叙，正是雨农求之不得的事情，哪里会把胡蝶女士忘了呢。”

戴笠知道胡蝶迟早都会来找她的，他在心里已经做好了这方面的准备，可是当这一天真正来临了的时候，他的心里还是有种说不出的激动。

戴笠是一位杀人不眨眼的魔王，可是现在在胡蝶的面前，他却假装成一只温顺的花猫，亲自为胡蝶泡好了一杯茶，明知故问地说：

“像影后这样的大忙人，这么晚了还来到这里，不知有何指教？”

胡蝶选择在晚上找戴笠是有原因的，她想如果在大白天去找他的话，戴笠可能会摆出一副公事公办的面孔，但是晚上来的话，可能就有一定的周旋余地。

胡蝶很清楚男人的心理，那天和戴笠跳了一支舞后，她就隐约地感觉到戴笠热情里的虚假对她似乎另有所图，尽管她知道晚上来找他的话可能会有一些风险，可是除此别无他法，为了丈夫，她也只好甘冒风险了。

胡蝶轻轻地啜了一口茶，不卑不亢道：

“戴局长果然是神机妙算，我今天这么晚了还来打搅局长，确实是有一事相求，还请戴局长帮忙。”

“噢，是什么事但说无妨，戴雨农一定为胡蝶女士效劳。”

“前几天在我去广西拍电影的时候，我家先生忽然莫名其妙被人抓起来了。”胡蝶说着这些话的时候，眉宇间不觉又露出焦虑的神情来。

“有这种事么？”胡蝶的焦虑神态让戴笠感到阴谋就要得逞了。

“……听人说，是军统局的人抓走的，”胡蝶迟疑了一下说，“不知道戴局长听说过这件事没有？”

“有这事吗？我倒是没有听说过，你怎么早点不来找我呢，”戴笠装作关心地问道，“你知道我的人为什么抓走潘先生吗？”

“我先生这种人平时只是安分守己地做生意，怎么会私藏枪支呢？我先生一定是被别人冤枉的，希望戴局长派人好好地把这件事调查一下，我相信我的先生是无辜的。”

戴笠听罢，稍一思索，即朝门外喊了一声：

“来人！”

“戴局长，请指示！”刚才的那个侍从官走了进来。

“立即去让李处长查一下一位叫做潘有声的犯人关押在什么地方，查到的话，马上用车把他送回去！”

“是，我这就去办！”那位侍从官望了胡蝶一眼，转身出去了。

直到这时，胡蝶才长吁了一口气，丈夫得救了，她不由得感激地朝戴笠望了一眼，这时的胡蝶所露出的笑容是发自内心的。

看着胡蝶那对好看的酒窝，戴笠的心里不觉一荡，这样的女人简直是人间的极品啊，戴笠几乎都看呆了，好半天，他才像想起了什么似的说：

“胡蝶女士，这一下你该放心了吧。”

这一切来得实在是太快了，胡蝶感到似乎是在做梦一般。

这个戴笠到底是什么样的人呢？胡蝶在心里觉得戴笠简直是一个谜一样的人物。今天晚上来到这里，她在心里是做好准备的。假如戴笠乘机向她提出一些要挟条件，比如索要金钱什么的，她也会答应的。可是没有想到戴笠这么爽快就答应了她，这种始料不及的结果让胡蝶感到有点奇怪。

看着面若桃花的胡蝶，戴笠觉得为胡蝶做的这些事情很值得，就为了她那对迷人的酒窝，也应该为她做点事的。牡丹花下死，做鬼也风流，只要能够得到这种女人，就是死上一回也没有什么遗憾了。何况凭自己的手段，不但不会死，甚至要名正言顺地把她弄到手。

胡蝶看着戴笠发呆的神情，这才记起应该对戴笠说点什么，胡蝶站了起来，伸手对戴笠说道：

“戴局长，你帮了我这么大的忙，我真不知道对你说些什么才好……”

戴笠连忙抓住胡蝶的手：

“区区小事，不足挂齿，能够为影后效劳，是雨农的幸事。”

“戴局长，你公务繁忙，我就不敢再打搅了。”

“胡蝶女士，时候不早，我们一起吃点宵夜吧。”戴笠紧追不放地说。

“改天再说吧，我家的先生关押了这么久，我也该乘早回去看看了，不然的话家里人也对我放心不下。”

“胡女士夫妇真是伉俪情深啊，雨农好生羡慕。”戴笠哈哈一笑，借机把自己的那份尴尬掩饰了过去。

戴笠此时并不想急于求成，今天他为胡蝶做了这些，只是想让胡蝶对他有一种好的印象而已，欲速则不达，心急吃不了热豆腐，对胡蝶这种女人，只能慢慢来，只要下足了功夫，还怕她不就范么?

“戴局长请留步，改日如果有机会的话，我与先生一定面谢戴局长的恩情。”

胡蝶看起来泰然自若，其实内心里却无端有些紧张，直到离开了戴笠的别墅，她才安定了下来。

胡蝶前脚回到杨公馆，潘有声后脚便被军统局里的人用车子送了回来。

“有声，你终于回来了！”胡蝶再也忍不住，扑到潘有声的怀里失声痛哭起来。

半推半就

当天夜里，胡蝶就病倒了。

这一病，对胡蝶来说是小病积成大病的结果。

胡蝶一连几天高烧不退，只能喝些白开水来度日。

潘有声见胡蝶病成了这副模样，急得不知如何是好。

这段时间是胡蝶一家人最为灰暗的日子，当年风姿绰约的一代影后此时却躺在病床上茶饭不思，昔日事业有成的潘有声此时却一贫如洗……

林芷茗见胡蝶沦落到这个地步，想想这一切她自己也有责任，一时恻隐之心大起。靠着林芷茗的接济，胡蝶一家人好不容易才支撑了下来。

再说那借故出差的杨虎算算戴笠的计谋可能差不多已实现了，这才优哉游哉地回到了重庆。

杨虎以为戴笠早已把胡蝶弄到了手里，哪里知道回到家后才得知胡蝶竟然在床上卧病不起了。

杨虎生怕胡蝶在他的家里有什么三长两短，于是和林芷茗商量要将胡蝶送到戴笠设在王家岩的别墅里去调养，那样一来的话，戴笠接近胡蝶的机会就多了。

林芷茗这几天正为自己当初没有阻止杨虎而感到有些内疚，现在听到杨虎心中的小九九，不禁大为恼火，她在房间里又哭又闹地对杨虎说道：

“胡蝶现在病成了这个样子，你却还要把她往戴笠那里送，这明摆着不是羊入虎口吗？这样一来的话我们以后还怎么在重庆做人？”

杨虎哪里肯听一个女人的数落，他当即将脸沉了下来：

“妇人之仁何以能够成就大事？怎么做人我杨虎还没有你清楚么？戴老板能够看上胡蝶那自然是她的福气，想那潘有声现在一无是处，他有什么资格拥有胡蝶那样的一个大美人，她要是跟了戴笠的话，不比现在的日子好上千百倍，到了那时，恐怕她还要感激我们呢，女人么，一辈子不就是想找个好一点的男人么，戴老板如今可谓权倾朝野，也只有胡蝶这样的影后才配得上他。”

杨虎这么一说，林芷茗倒不再哭泣了。她望了望杨虎，觉得他的话也不无道理，胡蝶要是跟戴笠这样的人在一起，未尝不是一件好事。

杨虎见林芷茗被他说动了，便过去哄着她说道：

“戴老板对胡蝶是一见钟情，但胡蝶现在对他是什么感觉，还说不准，说不定她心里也有小九九呢！所以还要靠你去摸摸她的底，做做她的思想工作。”

“我怎么做她的工作？难道直接劝她嫁给戴笠么？”林芷茗疑惑地问。

杨虎在林芷茗的脸上轻轻地拧了一下说，

“要想让一个女人对男人有好感，当然是事先让她对那个男人的优点有所了解喽，你和胡蝶的关系那么好，你的话她肯定会相信的，你只要多在胡蝶的面前说几次戴老板的长处，时间久了，她自然而然地就会对戴笠有好印象了。”

林芷茗听杨虎对她说了这么多，不知不觉中便顺从了杨虎的意思。她想反正戴笠看上了胡蝶，不管她现在是一种什么样的态度，戴笠迟早会把胡蝶弄到手里。更何况，这件事对于胡蝶也没有什么坏处。

林芷茗这样一想，倒并不觉得自己有什么不对，她在心里已经和杨虎站在了一起。

从那以后，林芷茗便有事无事地跑到胡蝶的房间来，老是有意无意地谈起戴笠，谈起戴笠的种种优点。

说起这戴笠，也算得上是一位了不得的人物，在短暂的民国史上，他应该是一位了不起的特务天才。林芷茗把他的事迹经过大肆渲染，便成功地给戴笠的身上披上了一层神秘的色彩。

其实，在胡蝶的心目中，自从那次他很痛快地答应释放潘有声后，她倒不觉得戴笠是个让人感到恐怖的魔王，只是那天晚上她从戴笠的眼神中发现他对自己似乎别有一番用意，所以当林芷茗在她的面前喋喋不休地讲着戴笠的好处的时候，她只是在一边静静地听着，并不发表自己的观点。

“瑞华，戴局长在别人的眼里似乎是冷酷无情，其实那是他工作的需要，说起来他对抗战是作了不少贡献的，只是那些贡献不为人知罢了。我们与他打了不少交道，才知道他是一个了不起的人物，如果我没有看错的话，戴局长对你好像看得很重要。”

林芷茗见胡蝶半天不做声，便不得不把话题扯到她的身上来。

“林芷茗，我们是老同学老姐妹了，你还拿我开什么玩笑，我和他之间并没有什么啊……”躺在床上的胡蝶病恹恹地说。

“这我可不是开玩笑的，你难道忘记了那一次你只是找了他一下，他当即就把潘先生放出来了，从这一点你就可以看出来的呀，”林芷茗故意夸张地说，“潘先生幸亏及时地放出来了，和他一起被抓的几个人不是后来都被枪毙了么？”

“这些倒是真的，也许他当初可能是看在你的面子上吧。”

……

“瑞华，你看谁来看你来了！”林芷茗话音刚落，只见戴笠已走了进来，紧跟在她后面的是杨虎。

胡蝶没有想到戴笠在这个时候会过来看望他，在最初的一刹那间，胡蝶的大脑里一片空白，她猜不出戴笠此行的真实目的。

林芷茗将一大篮补品放到桌子上，说：

“人家戴局长听说你病了后，一直就跟老杨说要过来看看你，这不，他今天专门抽出时间来看你呢。”

“多谢戴局长了。”胡蝶的话语中明显地带着一种礼节性。

对于胡蝶的冷淡，戴笠不仅没有生气，反而感到胡蝶的可爱。如果胡蝶此时像一般的女人那样曲意逢迎的话，戴笠反而会感到有些失望。胡蝶越是对他不冷不热，他越是从她的身上感到那种女性的高贵气质。

戴笠走到胡蝶的床前，一脸关切地说：“胡女士，你的病情牵动着全重庆人的心呀，希望你能够早日康复，重庆的市民等待着你重新走上银幕。”

“多谢戴局长关心，我的身体眼下多有不便，还请戴局长不要介意。”胡蝶说到这里，故意装出一副闭目养神的样子来。

戴笠此番来看望胡蝶，除了以看病为名讨好胡蝶外，还有一个目的，就是想将胡蝶迁到他的别墅里住下来。戴笠此时见到胡蝶弱不禁风的样子，心里好生爱怜。隔了一会儿，他问胡蝶说：

“雨农有一事不明，胡蝶女士贵为影后，潘先生又是经商有方，照理说你们家境应该是不错的呀！”

“瑞华和潘先生原本是有不少财产的，”一边的林芷茗插话道，“只是那些财产从香港运出来的时候在半路上被人劫走了。”

“这事我听说过，”戴笠说，“上海的杜月笙先生也托我查过此事，所以我想具体问一下，胡蝶女士的财产是怎么被劫的？”

“瑞华的那几十个箱子是托杨惠敏运送的，没想到在她的手中竟然全部都丢失了。”林芷茗喋喋不休地说，她觉得这是一个讨好戴笠的一个好机会。“那个杨惠敏口口声声说瑞华的箱子是被土匪所劫，可是这件事也没有一个证人，谁又知道到底是怎么回事呢？

“林芷茗，话也不能这样说，也许，杨惠敏有她个人的难处，不管怎么说，她当初冒着生命危险来救我们逃离香港，我们是应该感谢她的。”

“胡蝶女士真是菩萨心肠，”戴笠搓了搓手说，“这件事我答应过杜月笙，现在也再次答应你胡女士，我会派人调查的。”

“那就多谢戴局长了，”胡蝶说道，“只是希望你们不要为难杨惠敏，为了我的那些东西，她连未婚夫的性命都丢了，遇到那种情况，任谁都是没有办法的。”

忽然，戴笠调转话题对杨虎说：

“老杨，你这公馆的条件差了些，胡蝶女士贵为影后，她如今有病在身，却还住在这么一个阴暗潮湿的地方，这对她的身体是极不利的；更何况，他们这么一大家子人住在一间房子里，那该有多不方便啊！”

“我那些上海的亲戚都来投奔我，我也是爱莫能助呀！”杨虎不好意思地说道。

“那你也应该想想办法才是。”戴笠说。

刚才的这些对话其实是戴笠和杨虎事先都商量好了的，戴笠的目的就是想让胡蝶一家搬出杨公馆。现在，杨虎见火候差不多了，便忽然像想起了什么似的对戴笠说道：

“雨农，你在重庆有那么多的别墅，空着也是空着，何不暂时让一处来给胡蝶女士住下来，我看那个王家岩的别墅就不错，那里依山傍水，离医院又近，胡蝶女士住在那里的话，她的身体一定会很快康复的。”

戴笠要的就是这句话，他故作沉思了一会儿，然后大手一挥道：

“那好吧，只要胡蝶女士不嫌弃的话，那就请胡蝶女士全家都搬过去住吧，什么时候胡蝶女士不想住了的话，再搬出来也不迟，反正那里空着也是空着。”

“戴局长如此慷慨，瑞华一家感激都还来不及呢，哪里还会嫌弃哩。”林芷茗生怕胡蝶有所推辞，连忙替胡蝶说道。

事情到了这种地步，胡蝶还能说些什么呢？尽管她总是觉得戴笠是醉翁之意不在酒，可是他们一家人挤在杨虎家里又确实有些不便，何况上次戴笠还帮她把潘有声救了出来，她实在不好拂了戴笠的一番“好意”。

就这样，胡蝶在一种近似无奈的心情中，将全家搬进了戴笠设在王家岩的别墅里。

戴笠设在王家岩的那处别墅确实是个好住处，那里依山而建，空气清新，一条潺潺的小河从楼前流过，清晨，还可以听到各种鸟儿在树枝上不停地啁啾。

胡蝶来到这里，心情一下开朗了许多。

“戴局长如此盛情好客，我们将来真不知道怎样报答你的恩情了。”

潘有声被别墅的景致所打动，自己一家人在落魄之际受到别人这样的招待，他一时真不知道说些什么才好。

“这又算得了什么，只要你们一家人能在这里住好，我就心满意足了，”戴笠将手一挥，说，“你们先住在这里，我会抽时间为胡女士请来名医照料的。这里的佣人你们可以随叫随到。这里就是你们的家，你们千万不要客气。”

胡蝶终于搬进了他的别墅，虽然还带着家人，但戴笠觉得自己已是稳操胜券了，可谓情网恢恢，疏而不漏。

“戴局长，多谢了。”

胡蝶对戴笠启齿一笑，也算是一种感谢吧。

但是戴笠知道自己应该见好就收，适可而止，他必须把这一切做得不露一丝痕迹，免得胡蝶和潘有声起了疑心。所以戴笠在对生活上的一些事情交待完毕后，便先告辞而去。

第二天，戴笠便请来重庆的名医来为胡蝶看病。

其实，胡蝶并没有什么大病，只是急火攻心、心胸郁闷所致，这种病只须静心调养便可痊愈。

戴笠自从胡蝶入住别墅后，每日都派人来探病，他自己也是隔三岔五地前来询问病情，他知道不能天天都往胡蝶这边跑，那样的话，会让潘有声起疑心。

对付胡蝶这样高贵的女人，戴笠表现出了惊人的耐心。在胡蝶的生活起居上，戴笠几乎做到了无微不至的地步，这些让看在眼里的潘有声十分感动，他觉得戴笠是一个非常豪爽、值得信赖的人。潘有声在经商方面非常机警，但是在这一问题上却显得有些弱智，他哪里想得到戴笠所做的这一切，都是冲着他的妻子胡蝶来的。

对于情场老手戴笠来说，他当然知道因人而异的道理，他企图以自己的实际行动来打动胡蝶，要让胡蝶明白他的良苦用心。而这些又要做得自然，做得滴水不漏。

戴笠发现自己真正地爱上了胡蝶，胡蝶和他以前所见识的那些女人截然不同，这也正是戴笠对胡蝶如醉如痴的原因所在。以戴笠的身份地位，这么多年来他不知见识了多少水性杨花、卖笑献媚的女人，那样的女人看中的只是他手中的权力和口袋里的钞票而已。但胡蝶却不同，胡蝶身上所透出的那种雍容华贵、典雅秀丽的气质深深地打动了戴笠。

胡蝶就像一块巨大的磁场，把戴笠吸引得魂不守舍、茶饭不思，他觉得胡蝶才是真正的女人。只有这样的女人，才配做他的夫人。

戴笠越来越强烈地有了要娶胡蝶为妻的念头。

调虎离山

现在，戴笠觉得自己离成功之路只剩下一步之遥了，唯一的绊脚石就是潘有声了。

怎样才能让这个潘有声离开胡蝶呢?

用美人计能不能引开潘有声?戴笠的心里刚冒出这个念头时，随即又否定了，以戴笠阅人无数的经历来判断，潘有声不像是一个好色之徒。更何况，他的身边已有了胡蝶这样一个鹤立鸡群的美人儿，平常的女人又怎么能打得动他的心?

用色不行，用财又怎么样呢?

戴笠的心顿时活泛起来，潘有声是个商人，又有几个商人不喜欢钱财的?商人大都有着经商的头脑，只要自己给他一个赚钱的机会，他一定会乐此不疲地离开重庆的。

只是这个机会不能由自己说出来，不然的话，胡蝶和潘有声会感到里面有诈的。对了，就让杨虎夫妻从中斡旋，这件事一定会成功的……

想到这里，戴笠禁不住得意地笑了起来。

……

经过一段时间的调养后，胡蝶的气色显得比以前好多了，这天中午，她正和潘有声讲些闲话时，只见林芷茗袅袅婷婷地走了进来：

“哟，瑞华，这个地方可真是个养人的好地方，几天不见面，你比以前好多了，还是影后有号召力啊。”说完，林芷茗咯咯地笑了起来。

“不要取笑我了，我们现在可是在落难，比起你这位司令太太可是差得多了。”胡蝶嗔怪地说道。

“什么司令太太，”林芷茗摆了摆手说，“在这陪都，到处都是官，老杨还真算不上什么。瑞华，我看你好得差不多了吧，今后你们有什么打算吗？”林芷茗装作关切地问。

今天，她是来为戴笠当说客的。

“等我好了，我还想出去拍电影，那位中央电影制片公司的司马导演还是很不错的，呆在这种地方真把人给闷死了。”

“你还想出去拍电影？”这一点，倒是林芷茗没有想到的。

“是呀，我们不能老住在这里的，”胡蝶眨了眨眼睛说道，“我与戴局长素昧平生，老是在这里还真是感到过意不去，时间长了的话，即使别人不说什么，我们又怎么好意思呢？”

“瑞华说得不错，”潘有声接着说道，“其实她拍不拍电影倒还无所谓，重要的是我这个男子汉一定要出去做事养家糊口，照说我做生意是比较在行的，可是不知为什么来到重庆后却是感到处处受制。不管怎样，我们是不能坐吃山空的，更何况，我们手头根本就没有多少积蓄。”

说到这里，潘有声顿了顿又道：

“不知道杨司令能不能从中帮忙？”

这样一来正中林芷茗下怀，她笑了笑对潘有声说道：

“潘先生说得不错，男人是应该出去闯一番事业的，只是这里不是上海，我家的老杨在这里又没有什么实权，哪里帮得上你们，依我看，你们不如去找戴局长，在重庆有谁敢不买他的面子？”

“只是我们已经给他添了不少麻烦了，怎么好意思再去打搅于他……”胡蝶心下迟疑地说道。

“麻烦什么，人家戴局长可是有名的及时雨呢，”林芷茗又乘机在胡蝶的面前谈起戴笠的好处来，“像你们的这点小事，在人家戴局长的眼里不过是张飞吃豆芽，小菜一碟而已。更何况像你这样的文化名人千辛万苦地从香港回到内地，本身就是一次爱国行为，他戴局长理应如此，你们又何必客气？你要是不好意思开口，我替你向他说去，保证是马到成功。”

“杨太太在这里说什么话说得如此高兴？”话音刚落，只见戴笠笑吟吟地走了进来。

“哟，还真是说曹操曹操到呢！”林芷茗一张脸笑得像一朵花似的。

“真的有这么巧么？”戴笠走到胡蝶的面前说，“胡女士，看你的气色好得多了，雨农真是由衷地为你感到高兴。”

这些天来，戴笠在胡蝶的面前一直是那副彬彬有礼的正人君子的形象，胡蝶对他的戒备心理大为减弱，现在戴笠又对她如此热情，她当即点头笑道：

“多谢戴局长关心，我比以前已经好多了。”

“胡女士实在是太客气了，”戴笠转过头来问林芷茗道，“杨太太刚才说什么来着？”

“正在说你戴局长哩，”林芷茗嘻嘻笑了起来，“你看潘先生一个大男子汉老是在家闲得多难受啊，你戴局长好事做到底，应该为潘先生谋一个职位才是。”

“杨太太说得也是啊，”戴笠顺手梳了梳他的头发说，“不知潘先生想谋一份什么样的职位呢？”

潘有声面带愧疚地对戴笠说道：

“我以前在香港是做茶叶生意的，到了曲江和桂林后也顺便做了些生意，可是没有想到在重庆却是生财无道，长期下去，这可不是办法，我们在这里也是有一大家人的……”

“原来是这样，”戴笠不经意地挥了挥手说，“潘先生只管在这里陪胡女士把病养好就可以了，至于生活费用吗倒不必担心，我戴雨农勉强还供得起！”

“话可不能这样说，”林芷茗抢在潘有声的前面说，“俗话说吃人家的嘴软，拿人家的手短，潘先生可是有事业心的男子汉，他不可能老是呆在这里吃闲饭的。即使你戴老板好心好意地把他们一家人留在这里，可是别人也不好意思呀，我觉得你要是真心帮他们的话，倒不如替潘先生找份好点的差事才是。”

“杨太太真不愧是胡女士的金兰姐妹，处处都替她想得这样周到，”戴笠故作沉吟道，“要说在重庆谋一份差事，那还不是一句话的事情，只是那样也没有多少钱的，如果谋个既有特权、又能做生意的职位，不知潘先生意下如何？”

“那当然是再好不过了……”潘有声连忙说。

“现在昆明有一个很好的职位，有特权做一些特别的生意，我看潘先生可以到那里去发展一下……”

“去昆明？……”胡蝶和潘有声不觉惊讶地叫了起来。

“对，因为那里有一笔大的买卖可做，”戴笠肯定地说，“我想你们也知道，现在战局紧张，每天都有不少战备物资从缅甸经过昆明运送过来，自从广州沦陷后，那里便成了一条国际运输线，那里正好有一个运输专员的空缺，如果潘先生不嫌那里太远的话，我倒是可以从中帮忙的。”

“运输专员，这可是份肥差呢，我家的老杨想了好多次都想不到呢？”不等胡蝶和潘有声说话，林芷茗便抢着鼓动说，“这么好的差事可真是打着灯笼也找不到呀，看来还是你们有福气呀！”

戴笠见胡蝶和潘有声都没有说话，当然知道他们心里在想什么，当下他又使出欲擒故纵的伎俩来：“当然了，去昆明那么远，潘先生如果不想去的话，那就索性在这里住上一阵，等到以后有了别的好机会再说吧。”

“这个……”潘有声望望胡蝶，真不知怎么说才好。

“哎呀，潘先生一定是在心里舍不得娇妻吧，这可是难得的好机会，过了这个村可就没有那个店了，你大可放心而去，至于瑞华这里，有我照料，你还不放心啊？”林芷茗劝道。

戴笠见胡蝶二人犹豫不定，生怕胡蝶开口把这个差事给推掉，于是又向他们抛出了诱饵：

“这件事情你们可以认真地考虑一下，潘先生去云南，并不是一直就呆在那里，你也需要经常回重庆，且都是公差，连路费也是公家的，干个年把半年，赚的钱就足够你们花一辈子的了。”

“瑞华，你就让潘先生去吧，你还怕他有了外遇不成？”林芷茗故意向胡蝶使出了激将法。

“机会难得，我觉得不能把这个机会错过了，”潘有声沉吟了片刻对胡蝶说道，“我们长期呆在这里也不是长久之计，等我从昆明赚些钱回来，也不必老是麻烦别人了。”

胡蝶见潘有声去意已定，也只好默许了。

潘有声因此接到了商人们梦寐以求的专员委任状和滇缅公路的特别通行证。此时，他已经明白了戴笠把他“发配”昆明的真正用意。明知把妻子一人留在重庆，无疑是羊入虎口，可是看着家里两个年幼的孩子和胡蝶白发苍苍的母亲，再想到戴笠的地位，他只得含泪告别胡蝶，咬着牙外出奔波。

金屋藏娇

戴笠以赚钱为饵支走了潘有声后，觉得自己可以甩开膀子向胡蝶发动攻势了。他不相信以他的地位和智慧打动不了胡蝶，他不相信他戴雨农连一个小小的潘有声都摆不平。

为了让胡蝶的爱心从潘有声的身上转移过来，戴笠开始想尽一切办法来讨好胡蝶。

这天中午，胡蝶在午休时，忽然被外面的一阵吵闹声惊醒，而且吵闹的声音很大。胡蝶感到有些奇怪，这个王家岩别墅平时是没有外人出入的，是什么人在这里大吵大闹呢？

“……胡蝶明明就住在这里，你们为什么不敢承认的？放我们进去，我们要去采访胡蝶！”

接着胡蝶听到了一阵急促的拍门声。

胡蝶一听不禁大感惊讶，自己住在这里除了杨虎、林芷茗等几个人知道外，其他的人是不知道的。

没过多久，只见戴笠坐着一辆警车飞驰而至。警车上跳下几个宪兵，强行驱散了记者。

戴笠走上小洋楼，只见胡蝶依旧在梳妆台前流着眼泪，看着镜子里胡蝶雨带梨花的一张泪脸，戴笠心疼得不得了，一股男性的温柔不禁油然而生：

“瑞华，不要再哭了好吗？那些可恶的记者都走了。”

“那些记者已经知道了我住在这里，今天他们走了，说不定哪一天他们又会再来的……”

戴笠见胡蝶中计，心里暗喜，假装思索了一会儿说：

“要不我给你再换一个清静的地方，我看不如你搬到城外去住一阵子，避避风头吧？”

“那里的条件怎么样？”胡蝶疑惑地问。

“比这里当然要好多了，”戴笠炫耀似的说，“你干脆搬到歌乐山下的杨家山公馆里住下来。那里是我控制的中美合作所的地盘，比这里强得多了，一般人是绝对到不了那里去的，绝对不会有一个记者来打搅你。”

胡蝶一时犹豫起来，她不知道该做何种选择了。

形势已经到了这种地步，胡蝶又能怎样呢？此时的胡蝶只想到一个清静的地方躲起来，在一个没有任何外界打搅的地方让自己疲惫的心得到安放。

其实胡蝶不知道，她正按照戴笠制定的“追爱路线图”在行走：第一步他支走了潘有声，第二步，再让胡蝶离开他的家人，到了那个时候，生米自然而然煮成了熟饭，胡蝶自然而然成了他的囊中之物……

那歌乐山“禁地”方圆数百平方公里，在这里，设有军统局的两座最大的监狱——白公馆和渣滓洞，还包括了军统局机构和美国人的住地梅园。为了歌乐山禁地的安全，戴笠在附近设立了几道防线，各道防线暗设便衣警卫网，平时出入戒备森严，不要说平常人员根本无法进入其内，就是军统局的人员也要通行证方才能够通行。

歌乐山下的杨家山公馆是一座依山而建仿古式建筑的别墅，别墅里面雕梁画栋，花园里种植了许多奇花异木，这座远离尘世喧嚣的别墅，显得格外的宁静，倒确实是一个休心养性的好处所。

为了博得美人一笑，戴笠想方设法地讨好胡蝶。在胡蝶的面前，戴笠像个忠实的仆人一样听从于胡蝶的调遣。

之前还在王家岩别墅的时候，戴笠为了讨得胡蝶家人的好感，他时常会和胡蝶的小女儿一起玩耍，他一会儿趴在地上学狗叫，一会儿蹲在墙角里学猫叫，一会儿又让小女儿骑在他的后背上，他那滑稽的动作把小女孩逗得哈哈大笑，戴笠也像个傻小子那样笑个不停。

戴笠所做的这些的含意，胡蝶又岂能不知——戴笠啊戴笠，普天下好女子多的是，我只不过是沧海一粟而已，你又何苦对我这个有夫之妇紧追不放呢……

胡蝶在发着这些感慨的时候，她却不知道戴笠对她早已是势在必得了。不过他依旧没有强迫胡蝶，他知道要想让一个女人对一个男人有所好感，那就必须让她彻底地知道那个男人的优点，只有这样，女人才会死心塌地地跟着男人过日子。于是戴笠时常在胡蝶的面前大谈他的悲苦出身，谈他在黄埔学校时的一些轶事，戴笠在说着这些话的时候，会不失时机地把他对胡蝶的相思穿插进来，他想让胡蝶知道，他暗恋她很久了，他是真心地喜欢她的。

“瑞华，你知道吗，其实在很早以前我就注意上你了，只是那时苦于没有机会接近你而已，”戴笠双眼直直地望着胡蝶说道，“那还是我在黄埔军校骑兵科读书的时候，有一天我在电影院里看了你主演的《火烧红莲寺》，当时我就不禁被里面的红姑吸引了，那个时候你知道我是怎么想的吗？”

“那时我就觉得你是天底下最优秀的女人！”戴笠动情地说道，“皇天不负有心人，现在命运把你送到了我的面前，你说我该怎么做？我的内人已经逝去好几年了，她本来也是家里替我包办的，她是一个很守妇道的女人，可是我对她却没有一点相爱的感觉，只有你，瑞华，让我找到了年轻时的那种冲动，我要让你成为我的妻子！”

戴笠趁机紧紧握住胡蝶的手。

“戴局长，你不能这样！”胡蝶坚决地说。

戴笠放开她的手，很真诚地说：

“别紧张，我一点儿恶意也没有。我只是说出我的心里话。你放心，谁也不会伤害你，因为你是我心目中高贵的女神。”

戴笠说完，默默地走了。

这天晚上，戴笠叫人从汽车上搬下几只箱子，一直搬进了别墅。

戴笠打开其中一个箱子，从里面抓出一大把精致的首饰、古玩。

胡蝶初时还以为戴笠真的替她找回了部分财物，但当她定眼看时，这些都不是她的东西。

戴笠拿起一只盒子，打开来，递给胡蝶说：

“喏，这是你的钻戒。”

胡蝶接过来，看了看，交还给戴笠，说：

“真的很像哎。”

“这是你的东西嘛。”戴笠笑着说。

“不，这些东西和我的的确实很像，但哪一样都比我原先的那些贵重。”

戴笠一下子跪在胡蝶面前，抓住她的两只手说：

“瑞华，你说得对，这些东西是我让人专门替你收罗的。我知道找回你失去的全部财物已经不可能，但我不愿让你伤心。”说着，戴笠忽然激动起来，流出了眼泪：“瑞华，你是唯一让我爱得发疯的人，我想让你幸福，想让你快乐。瑞华，我爱你，我戴雨农平生只爱你一个女人，我对你的一切可都是真心真情呀！”

……

为了讨得胡蝶的欢心，戴笠把一切置之度外。胡蝶想吃南国的水果，他立即派出飞机从印度空运；胡蝶说拖鞋不受用，他一个电话就让人弄来各式各样的鞋子让她挑；胡蝶嫌杨家山公馆的窗户狭小，光线不充沛，又嫌楼前的景物不别致，他急忙命人在公馆前方专门为她重新修建一幢带大花园的新式洋房别墅。

……

转眼三个月过去了，胡蝶再次迁进了新居。

这次的新居位于神仙洞旁边，神仙洞里有一温泉，胡蝶不时到这里来洗温泉浴。自胡蝶来后，戴笠再也不准别人来此洗浴了。

就这样，一代影后胡蝶，在戴笠各种手段的威逼利诱下，最终身不由己地落入了戴笠的圈套。

天意难违

红极一时的影后胡蝶非常看重自己的名声，而权位极重的戴笠也不例外。由于胡蝶与潘有声还没有离婚，戴笠也不愿让人在背后指指点点的。可如果要让戴笠与胡蝶分开，这时的他已经做不到了。戴笠觉得自己活了四十多岁才好不容易得到了意中人，他是不会轻易放弃胡蝶的。

对胡蝶动了真情的戴笠曾对胡蝶说：

“我今生最大的心愿，是与你正式结为夫妻，你是我的唯一，其他什么事都不能改变我对你的爱。我是真心爱你的，为了你，我什么都可以不要。我现在最大的心愿就是与你正式结婚。”

胡蝶知道，不管姓戴的话是真是假，她现在想改变戴笠的想法也比登天还难。为了活命，为了孩子，她只好答应戴笠让她离婚的计划，但要等抗战结束后。

……

抗日战争取得胜利后，国民党的政府机关开始往南京搬迁。此时国民党因为要发动内战，所以戴笠变得空前繁忙起来。

为了让胡蝶不至于感到太寂寞，戴笠将胡蝶送到了上海，并安排胡蝶暂时住在影星徐来的家里。

徐来是 30 年代中期明星公司里名声仅次于胡蝶的大影星，有“标准美人”之称，出身于著名的“明月歌舞团”，并嫁于该歌舞团老板、著名音乐家黎锦晖为妻。在唐生明的极力追求下，徐来于 1935 年拍完她的代表作《船家女》后与

1934 年，上海极司非而路秋圃，八大女明星合影。前排左起：袁美云（1917 — 1999）、陈燕燕（1916 — 1999）、王人美（1914 — 1987）；后排左起：叶秋心（1913 — 1984）、黎明晖（1910 — 2003）、胡蝶（1908 — 1989）、阮玲玉（1910 — 1935）、徐来（1909 — 1973）。

黎锦晖分离，嫁给了唐生明，并从此退出影坛。唐生明则是30年代国民党要人唐生智的弟弟，戴笠把胡蝶安排在徐来处，准备和胡蝶在上海结婚。

戴笠请唐生明为胡蝶办理她与潘有声离婚的手续，他好无牵无挂地与胡蝶过下半辈子。

据说在离婚协议上签字之时胡蝶含着眼泪对潘说：

“有声，虽然我们办了离婚手续，但是我的心是永远属于你的，姓戴的只能霸占我的身体，却霸占不了我的心。”

然而，就在戴笠忙于和胡蝶结婚的前几天，他的飞机撞在南京西郊的小山上，这个民国政府头号大特务一命呜呼。

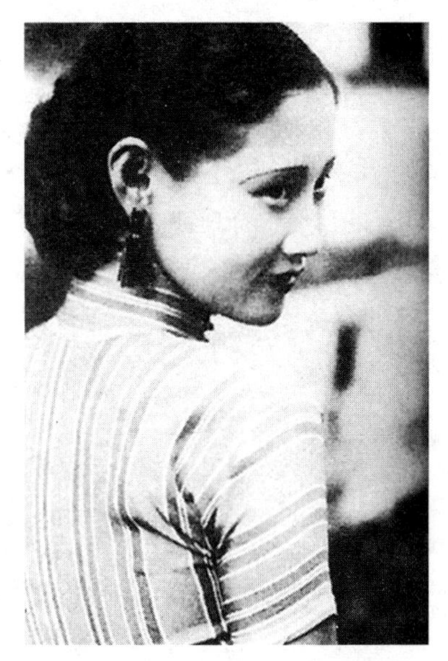

徐来，原名徐洁风，1909年生于上海。是音乐家黎锦晖的第二任夫人（后离异）。20世纪20年代末，是明月歌舞剧社的台柱。1932年加入明星影片公司，外号“标准美人”，主演过不多的几部代表作《残雪》《到西北去》《落花时节》《船家女》等。

当时戴笠的计划是于3月17日从青岛起身，先飞往上海，与胡蝶见一面，筹备一下婚礼，再回重庆开会。

当天，机组接到上海方面气候不好的通知，大家都劝戴改日再走，但他却坚持要走。戴笠要求机组多带汽油，上海如实在不能降落就飞往南京。

上午11时左右，戴笠的飞机从青岛起飞。起飞不久，即遇大雾，飞近上海时，正值大雨滂沱，上海龙华机场不同意降落，戴笠只得下令改飞南京。当时，南京也下大雨。下午1时零6分，飞机到达南京上空。机场勉强同意降落。但到下午1点13分后，电讯突然中断。此时，这架专机已撞上南京江宁板桥镇南面的戴山，机上人员戴笠一行13人全部遇难。

据目击者说，飞机于大雨中先擦过一株数丈高的大树，撞折一螺旋桨，复向前方小山撞去，顿时火起，戴笠及其随员及全体机组成员无一生还。

戴笠的突然死亡使胡蝶的人生航线也发生了大转向。

对这段经历，后来的胡蝶不仅不愿提起，而且根本否定它的存在。胡蝶在晚年的自传中将其称之为“传言”，而且经过了“以讹传讹”之后，才成为“有确凿之据的事实”。但她并不打算为此辩解，胡蝶在作回忆录时解释她不辩的理由是：

> 现在我已年近八十，心如止水，以我的年龄也算得高寿了，但仍感到人的一生其实是很短暂的，对于个人生活琐事，虽有讹传，也不必过于计较，紧要的是在民族大义的问题上不要含糊就可以了。

戴笠出事的消息传来，潘有声带着胡蝶（或者说胡蝶带着老潘）很快在上海消失了——他们悄然而迅速地去了香港。

胡蝶抖落一身的尘埃，拍拍翅膀，终于飞回了前夫潘有声的身边。只是，曾经沧海难为水。经历了吴王与一场战争的西施，纵使与范蠡破镜重圆，从此泛舟太湖飘然绝迹，但西施还是原来的那个西施吗？

那么，胡蝶还是原来的那个胡蝶吗？

熟女的处世之道

和戴笠的那一段关系是胡蝶一直不愿启齿的一页历史，是她心中一段永远的痛。

站在胡蝶的角度，她不愿提及戴笠，也许并不是出于政治的考虑，而是那种羞辱的感觉。因为她被戴笠“俘获”期间，她始终还是潘有声的妻子。

戴笠死亡的直接原因据说还是因为胡蝶。当时戴笠在北京。他本来是可以直接飞回重庆国民政府的。但是他又深爱胡蝶，他的飞机在电闪雷鸣的上海根本不能降落，他宁可转飞依然雷声隆隆的南京——只要能离他的女人更近些。结果是，原本在政界扶摇直上的戴笠在南京附近的戴山坠机身亡。

戴笠如此死亡，无论如何在胡蝶的心上，还是留下了一道深深的印痕。哪怕是一道污痕。

爱着，而又被爱着。这就是胡蝶的一生。

在这一生中，她一向是善良的，温和的，冷静的，而且是达观的。她宁可牺牲自己，也不愿伤害别人。

胡蝶是明星公司的当家花旦，又是中国当时首推的电影皇后。她并没有同时代的女星夏梦等人那么美丽，也没有同乡阮玲玉的演技优秀。可是，她那份不蔓不枝的雍容、端庄和带着酒窝的甜美笑容同样博得了无数影迷的喜爱。

除了容貌和演技，胡蝶还拥有很多同时代女星欠缺的理智、聪慧与自知。所以，当好友阮玲玉饮恨是非，命丧黄泉时，胡蝶却在同样的乱世中以极佳的人缘和口碑，巧妙斡旋，明哲保身，从默片一直走到有声，善始善终。

朋友们说她是形势所逼，忍辱求生；影迷们说她是羊入虎口，红颜薄命；革命人士说她是道德败坏，委身反动。自古红颜薄命，西施、貂蝉尚且无从选择，何况小小、翩翩的“蝴蝶”。

自从得到胡蝶后，戴笠奇迹般地一改过去到处追逐女人、渔猎美色的行为。也许，面对着美貌绝伦、聪明伶俐、善解人意、柔情万种又闻名遐迩的一代红星，戴笠确实心满意足了。

随着戴笠对胡蝶的感情日深，戴打算正式和胡结成秦晋之好。他软硬兼施，迫使胡蝶的丈夫潘有声同意与胡蝶离婚，然后积极筹备与胡蝶的婚事。

1944 年圣诞节，戴笠选择这一天公开了与胡蝶的关系。

这一天晚上，重庆中美合作所举行了盛大联欢晚宴。

华灯初照，光辉簇簇。胡蝶以女主人的身份出现大厅之上，与出席晚宴的美国以及其他各国驻华使节、武官和其他来宾见面，全场雀跃欢呼掌声雷动。

此时的戴笠，正处在人生最得意的时刻，他一手挽胡蝶，一手频频举杯，畅怀痛饮，毫无醉意。他的祝酒词，将整个圣诞节庆祝活动推向最高潮。

中美合作所的美方参谋长贝利乐上校曾这样说道：

“我看到戴将军连喝黄酒 160 杯，仅仅稍带醉意，发表长篇讲话，亦不失言，奇事奇事！”

……

那个大雨瓢泼的上午，戴笠强行命令飞机照常起飞，因为他要赶回去迎娶那个让他欲罢不能的女人。当飞机撞向戴山山腰的刹那，也正是大梦方醒时……

一刹那，仅仅一刹那，命运又改变了方向，权力、征服、杀戮、斗争、富贵荣华瞬间消逝……

后来在胡蝶晚年所写的回忆录中，她根本没有提及这段历史，所写内容大多来自于工作，来自电影，从这点上也可看出胡蝶处世的圆滑。不像阮玲玉，死都死了，还要写封遗书，把所有的事情说得清清楚楚，交待得明明白白。

也许，一个努力记住痛苦的人，总会在痛苦中生活。

下卷
影后笑傲百花园

胡蝶一生主演电影超过百部，她饰演过娘姨、慈母、女教师、女演员、娼妓、舞女、阔小姐、劳动妇女、工厂女工等多种角色。

胡蝶的气质富丽华贵、雅致脱俗，表演上温良敦厚、娇美风雅，好几次被观众评选为“电影皇后”。她更是在52岁时一举跃登“亚洲影后”的宝座。

胡蝶“绿加黄”的性格特征使得她性情温顺，勤奋好学，工作认真，谦虚宽容，所以人缘极好，深得电影界前辈的器重与栽培。

无心插柳

世界上第一部电影诞生于 1895 年 2 月 8 日。十年后，外国电影进入中国的电影市场，只是那时的国人仍然把这种现代的银幕表演艺术称之为“西洋影戏”。

1905 年，中国人第一次开始尝试拍摄自己的电影，这一年，北京丰泰照相馆的老板任景丰买了一架英国产的手摇摄影机和十几卷胶片，请来了著名的京剧演员谭鑫培，拍下了谭鑫培表演的《定军山》片断，这就是中国的第一部电影。

到了上世纪 20 年代，在中国已经有多家电影制片机构。1922 年，中国最早的三部电影故事片《海誓》《红粉骷髅》《阎瑞生》开始公映，这标志着中国电影已经有了独立制作的水平。

当年胡蝶的父亲胡少贡带女儿去看电影《海誓》，无非是想满足一下小孩子的好奇心而已。那个时候他怎么也没有想到，正是这一次让女儿走进电影院改变了女儿的人生。

1924 年春节过后，胡瑞华全家又从广州迁回到了她的出生地——上海。作为中国最繁华的城市，电影业已在上海如雨后春笋一样发展迅速。上海是一个很容易吸收外来文化的城市，当时的上海，西洋片和国产片各领风骚。

胡瑞华自从在广州看过《海誓》后，她的一颗心已经完全被电影挤得满满的了。多愁善感的她喜欢看那些曲折的故事，她喜欢电影里的人物，更喜欢看演员们的表演。来到上海后，一有时间，瑞华就跑出去看电影。

随着年龄的增长，瑞华对电影开始有了自己的选择，她喜欢看那些生活化比较浓厚的电影。来到上海不久，一部名叫《孤儿救祖记》的电影，使胡瑞华萌生了要当电影明星的朦胧愿望。

这一年胡瑞华已经有 16 岁了，16 岁的她有了自己的理想。那个时候瑞华已对自己的人生有了一个很好的定位，那就是当一名出色的演员，当一名备受人们喜爱的电影明星。

谭鑫培在京剧《定军山》中的演出剧照。1905 年，北京琉璃厂丰泰照相馆的任景丰和刘仲伦为谭鑫培拍摄的一段影片，这是中国人第一次拍摄电影。影片在 1909 年的一次大火中烧毁，但是拍摄的剧照保留了下来。

这一天，胡瑞华和闺蜜徐筠倩相约来到中山公园，她们找了一处僻静的地方坐了下来。瑞华从书包里拿出一张撕下来的广告，放在石椅上摊平，和徐筠倩一字一句地研究起上面的文字来。

“瑞华，你当真要去报考电影学校呀？”徐筠倩有些不放心地问了一句。

“你以为我是和你说着玩的吗？筠倩，听说你爸爸是从国外留洋回来的，我想你家里一定不会反对你的这个选择吧。”

徐筠倩双手托腮，若有所思地说：“我也不大清楚，只是如果家里一定不让我去的话，那也就只好不去了。你们家里的人呢？”她反问着胡瑞华。

“我爸爸是一个心胸十分开阔的人，我想他应该是不会反对的。至于我妈妈这边可就不好说了。”说到这里，瑞华忽然像想起什么似的又问徐筠倩说：“哎，筠倩，你说我该给自己起个什么样的名字才好呢？”

徐筠倩用手摸了摸瑞华的额头：“你没有生病吧，大白天的尽说这种瞎话，你不是叫胡瑞华么？”

“我不是说这个，你想想，写书的人都要为自己起个笔名，我们当演员的也要有个艺名呵。应该为自己起一个响当当、让人过目不忘的艺名才是。”

“瑞华，我看你干脆叫瑞雪好了，瑞雪兆丰年，这可是一个既吉祥又有一定的文化品位的名字。”

“这个名字好是好，却是不太容易让人记住。”瑞华摇了摇头说，“我姓胡，就叫胡……胡……”

徐筠倩听着她拖着长长的音调，不觉笑了起来：“我看你不如叫糊涂算了，这个名字让人过目不忘，再说，俗语里还有句‘难得糊涂’的至理名言哩。”

“人家在想正事，你却在一边取笑我。”

起个什么名字好呢，瑞华静静地望着淡蓝色的天空，一时陷入了沉思之中。

“蝴蝶”，瑞华下意识地叫了一声，“对了，筠倩，我姓胡，就叫胡蝶吧，这个名既通俗又显得有几分雅致，而且我想观众也会乐于接受这个名字的。”瑞华不禁拍着手叫道。

“真是心有灵犀一点通呀，这对蝴蝶好像是专门为你才飞来的！胡蝶这个名字叫绝了。”

徐筠倩也认为这个名字雅致而不俗套，一时高兴得拍起手来。

她们谁也没有想到，在不久的将来，胡蝶的名字就像一只五彩斑斓的蝴蝶在电影的世界里翩翩而舞。她的名字飞遍了大江南北，让亿万国人为她的绝代风华所倾倒。

……

去电影学校面试的日子终于来到了。

这一天胡蝶起得特别早，她已和徐筠倩约好在中山公园里见面，然后一起去学校里考试。现在，她静静地坐在梳妆台前打扮着，她知道第一印象的重要，她要给主考官一种全新的感觉。

……

进考场前，胡蝶再次整理了一下头发，她深深地吸了几口气，然后挺直胸膛，态度从容地走进了考场。

说实在的，胡蝶的心里多少有些紧张，这可是决定自己命运的时刻呀。

她借向三位考官鞠躬行礼的机会调整好心态，努力地使自己镇定下来。

主考官洪深看了看胡蝶，漫不经心地问道：

“你叫什么名字？”

“胡蝶。”

“能说说你为什么来报考电影学校吗？”

“因为我喜欢电影，我更想当一名电影明星。”

胡蝶的话一下引起了洪深的兴趣，他禁不住再次打量了胡蝶一眼，此时，站在主考官面前的胡蝶像一株白兰一样，朴实而又淡雅。她挺拔的身材，优雅的气质和姣好的面容给洪深等三个主考官留下了良好的印象。对于一位演员来说，她的外部条件无疑是达到了，不知她的表演才能怎么样。

“你给我们表演一段节目看看。”

“您想要我表演什么呢？”

“你先给我们表演一下逛商店的样子吧。”

胡蝶调整了一下情绪，把自己想象成已经到了商店里的情景。只见她像一位阔少妇一样时而悠闲地迈着步子，时而左顾右盼地用眼睛搜寻着什么……忽然好像有什么好东西吸引了她，她的手里像是拿着什么在爱不释手地把玩着……当她下意识地摸了自己的包后，又不得不恋恋不舍地把手里的东西放了下来……走了几步后，她又忍不住地回头看了看，脸上流露出来一片惋惜之情……

三位考官看完瑞华的表演之后，不觉相视一笑。主考官洪深当即现场拍板：

“恭喜你，胡蝶小姐，你被录取了。请于五天后来这里办理入学手续。你有当演员的天分，可要珍惜这次机会呵！”

……

父母得知女儿考取了电影学校后，并没有感到惊喜。胡母本来就不想瑞华到演艺界去凑什么热闹，虽然她仅仅是一个妇道人家，但多年的生活经历让她知道演艺界是一个大染缸，那里面鱼龙混杂，她担心自己的女儿在里面被吞没了。只是女儿的态度是那样的坚决，加上丈夫又同意了女儿的选择，她才不好再说什么。作为母亲，她只有语重心长地叮嘱道：

“宝娟，你既然已经选择了这条路，我们当父母的肯定会支持你，进电影学校只是你刚刚迈出的第一步，你的路还很长，一定要脚踏实地地走下去。做演员的什么样的人都有，进了这个行当，一定要注意洁身自爱呵。”

胡少贡爱怜地抚了抚瑞华的头发说：

“宝娟，说你长大了，其实在父母的眼里你还是一个小孩子，当演员的种种艰辛你还不知道。尤其演艺界是个无风三尺浪的地方，你在这种地方能够锻炼一下也未尝不是一件好事，不过一定要小心，万一发现不合适的话千万不要勉强自己。你还年轻，还可以选择做其他的事情。”

父母的话里都有种阅尽人间冷暖的沧桑，胡蝶望着已步入中老年的双亲，在心里暗暗发誓，一定要好好学习，一定要在电影界里闯出一番天地来，用自己的成绩来报答父母。

在中华电影学校所有的课程里，胡蝶最喜欢表演课程，她似乎天生就是当演员的料。20 世纪 20 年代，那时的国产电影都是无声的，这样对演员们的表演就提出了更高的要求。演员们主要是靠面部表情和肢体语言来完成整个剧本的情节和人物的塑造。演员的一笑一颦，甚至一个眼神都被成千上万的观众看在眼里，动作做过火了，会让人觉得太过做作，过淡了，则会让观众不知所云。

胡蝶的表情训练得自然真实而又富有变化，在短短几分钟的时间里她都能随意做出喜笑怒骂的各种神情来。不仅如此，无论是什么样的角色她都能演得得心应手、惟妙惟肖。在学校学习期间，胡蝶曾不止一次地得到过洪深和陈寿荫等人的夸奖。

为了以后能够胜任各种角色，在学校里，胡蝶还学会了另外一些电影演员必须的看家本领，比如骑马和开汽车等。学校里没有马，她就跑到外面的赛马场里学骑马；学校里没有汽车，她和徐筠倩就花钱请开出租车的司机教她们开车。这对于一个女孩子来说，确实是十分难得的。

半年后，胡蝶从中华电影学校毕业了。

毕业后的三个月，胡蝶基本闲在家里。渐渐地，她坐不住了，她决定亲自出门找工作，找机会。

这天，胡蝶早早地起了床，来到了大中华电影公司。她找到了当时在中华电影学校教过她课的陈寿荫老师。此时陈寿荫为该公司的编导，这家公司在上海已经颇有知名度，编导人员都是当时影坛的知名人物。

任何一位导演都有发现演员的敏锐目光，陈寿荫对中华电影学校里的胡蝶自是有一番印象，他当即对她说：

“胡蝶小姐，在学校里，你是我最看好的一位学生。很坦率地说，你有当一名演员的天赋，你应该早点就来找我，不过现在来了也为时不晚，这样吧，我们这里正好有一部戏，里面正缺一个小角色，你愿意试试吗？”

“真的吗！不管是演什么，我都愿意。”胡蝶喜形于色地说。

于是陈寿荫就让胡蝶在《战功》里出演一个配角，一个卖水果的女孩。

虽然这个角色在影片里没有多少戏，但能够有机会表演就已经让胡蝶满足了。不管怎样，能够让她走进摄影棚，对于她来说当然是比什么都要强了。

《秋扇怨》则是胡蝶主演的第一部电影。

在《秋扇怨》的整个拍摄过程中，胡蝶都是全身心地投入的。在摄影场里，导演只要把剧情说一遍，她就能恰到好处地领会导演的意图。晚上回到家，她也要在心里把第二天的剧情想象一遍，演员的面部表情和形体语言该怎样配合才显得合情合理……甚至有时在想着剧情时，吃着饭的她不是哈哈大笑就是流出了多情的泪水……她的这种反常表现常常把父母弄得莫名其妙。

“你看宝娟，一天到晚神经兮兮的。”母亲对父亲说，“就为拍个电影，把人搞成这样，时间长了可怎么得了，老是这样下去可要把人变成神经病了。”

“无论做什么事，不下一番苦功夫是做不出成绩来的，何况宝娟只是刚刚开始。”父亲以赞赏的目光望着女儿说，“宝娟有拍戏的天分，加上她这么努力，我想她一定会成功的。”

胡少贡的话没有说错，加盟《秋扇怨》让胡蝶迈出了成功的第一步。她在心里有一种强烈的愿望，那就是当一名像张织云那样的红极一时的影星。

1926年，影片《义妖白蛇传》宣传海报。天一影片公司出品，邵醉翁导演、邵山客编剧，吴素卿、汪摩陀、胡蝶、周念哀等演出。

1926年，影片《孟姜女》宣传海报。天一影片公司出品，裘芑香编导，胡蝶、王无恐，金玉如、张慧娴等演出。

1926年，18岁的胡蝶与天一公司签订了长期的合同，开始成为天一公司的基本演员。

很快，胡蝶就成为该公司的台柱。公司老板邵醉翁果然不是一般的人物，启用胡蝶后，大胆地让她出演各种角色。这一年，天一公司一共拍了八部电影，而胡蝶则如陀螺一般地主演了其中的七部电影。

天一公司拍摄的这些影片，大部分为古装片，如《义妖白蛇传》《孟姜女》《梁祝痛史》等，这些影片均由邵醉翁执导。

胡蝶加入到天一公司后，事业上有了更加明确的目标，在拍片中也更加严格地要求自己。她在影片中所饰演的白娘子、孟姜女等形象都那么真实感人，大大地赚了一把观众的眼泪。

多年以后，胡蝶在温哥华写的回忆录中这样写道：

> 一个演员的成功要靠自身的努力和修养，其中当然也包括处世为人……
>
> 但仅仅有这一点显然是不够的，演员的成功还要取决于影片本身的艺术价值、导演的艺术才能与眼光，可以说后者是前者的土壤。
>
> ……我在天一公司主演的片子不少，单就演技来讲也得到了不少磨炼，但当时天一拍片太过于从商业的角度出发，影片的娱乐性多于艺术性，这些影片虽然有一定的观众，但却不能给观众艺术的享受和回味。这是我在拍片之余，所感到苦闷的一件事……

1928年的3月，胡蝶离开了天一公司，加盟到了名气数一数二的明星公司。

从此以后，胡蝶成为明星电影公司的正式成员，真正具备了冲击电影艺术高峰的条件和能力。

这一年，胡蝶才20岁。

《白云塔》

胡蝶来到明星公司后，本来是作好了演配角的准备的，但是她没有想到接到的第一部戏就是在《白云塔》里饰演女主角。

胡蝶来到明星公司的第一天，公司老总张石川等人就向她谈起了公司的现状和发展规划，胡蝶见他们如此信任自己，颇为感动。

同胡蝶一样，张石川似乎天生就是搞电影的料，在他的心里只有一件事：那就是拍电影。除此之外，什么也吸引不了他。

张石川和郑正秋的合作可以说是相得益彰优势互补，正是因为有了这两人的努力，才使得明星公司一直在上海电影界的顶峰上屹立不倒。

胡蝶加盟明星公司，算是一次明智的选择。如果说是天一公司把胡蝶推向影坛的话，那么，明星公司则让胡蝶的电影表演艺术产生了质的飞跃。在明星公司，胡蝶的影艺事业达到了巅峰状态，并很快登上了中国影后的宝座……

胡蝶在明星公司接拍的第一部戏是《白云塔》，她在里面饰演女主角凤子。她与悲剧天才阮玲玉演对手戏。一同出演的还有当时被称为俊俏小生的当红男演员朱飞。

胡蝶第一次去明星公司的时候，明星公司里的三巨头正在摄影棚里商议着这件事。说来也巧，正当他们为影片选女主角时，胡蝶走进了摄影棚。

胡蝶这一天的穿着比较朴素，但天生丽质的她，身上依然透露着一种大家闺秀的风范。

张石川见到胡蝶，腾地一下从椅子上站了起来：

“真是久旱逢甘露啊，胡蝶小姐能够加盟明星公司，明星公司必将进入一个新的阶段。你这一来，我们片子的女主角可就有着落了。”

胡蝶没有想到大名鼎鼎的张石川是一个如此豪爽的人，她第一次来到明星公司就听到这样信任的话语，让她有种宾至如归的温暖感。她对着明星的三巨头欠了欠身道：

“各位先生如此看得起我，委实是我这个小演员的荣幸，我对明星公司仰慕已久，只是你们知道的，天一那边一时确实让我无法脱身，不得已到现在才和各位先生相见。请各位多多原谅，多多关照。”

……

《白云塔》是来到明星公司所拍的第一部戏，胡蝶不得不全力以赴地投入其中。在张石川的身上，胡蝶明显地感到了他对工作精益求精、一丝不苟的大家风范。

在拍摄过程中胡蝶发现，工作中的张石川话语不多，但往往言简意赅、一语中的，毫不拖泥带水；而郑正秋则是一副温和细致的作风，他的循循善诱和张石川雷厉风行的风格相得益彰，在这样的人身边工作确实能够学到不少东西。

胡蝶在这部影片中饰演的是正派人物，这正对她的戏路，她那大家闺秀的风范，正好符合剧中人物的形象。她在演戏中从不矫揉造作，对编导的意图总是能够准确把握，而且也有很好的领悟力，使得她深得张石川和郑正秋的赞赏，他们觉得把胡蝶挖到明星公司真是一个明智的选择。

但是，与胡蝶演对手戏的阮玲玉在这部戏中却感到有些力不从心：她在剧中饰演绿姬这一反派角色，可是绿姬不是那种林黛玉式的伤感人物，她多愁善感而又不失刁蛮泼辣，表演难度很大。好几次，她在片场休息的时候对胡蝶说：

“本来我觉得这个角色没有什么难度，可是要做到张先生所说的那种一面脸上挂着曲意逢迎的笑，一面还在心里算计着怎么样来整治别人的神情来，可真是让我做不出来，这也许是我的个性使然吧。”

胡蝶听了，望了望阮玲玉那副我见犹怜的神情，心里想阮玲玉实在是太善良了，她的天性里根本没有那种恶毒的东西，难怪她显得是这样的吃力呢。

胡蝶想得没有错，由于生活经历的原因，阮玲玉的性格决定了她只能饰演那种悲剧性的“好人”。

阮玲玉的性格没有胡蝶那么温顺、圆滑，加上一些误会她又不主动去解释清楚，渐渐地搞得老总张石川对她很不满意。这也是后来阮玲玉离开明星公司的主要原因。这都是后话了。

《白云塔》终于拍摄完毕了。

这部影片是由张石川和郑正秋联合导演的，他们第一次启用胡蝶，本来以为有很高的卖座率，然而，影片上映后，观众的反应与他们当初所预计的相差颇远。在当时的电影市场里，《白云塔》只能算是一部很平常的影片。

然而，它在胡蝶的心里却很不平常。正如她后来在回忆录里所称，《白云塔》是一部令她毕生难忘的影片，不为别的，因为一提到这部影片，她就不由得想起了好朋友、悲剧天才阮玲玉的悲剧命运……

《火烧红莲寺》

上世纪30年代红遍上海的电影《火烧红莲寺》，因为胡蝶在剧中成功的表现，从而使她在演艺界声名大震。

此次张石川把《火烧红莲寺》当作振兴明星公司的一件法宝，所以他要求这部影片一定要做到新、奇、特、怪，譬如影片中那种激烈的打斗场面，那种让人不可思议的非凡武功。

在当时，这些特技在电影里还没有先例，而且由于受技术条件的限制，一些声光设备根本无法用到摄影棚里去，这可把担任摄影的人难住了。后来，摄影师查阅了大量的外国电影资料，又借用戏剧舞台上的特殊手法和魔术技巧，加上动画合成，这才把那种腾云驾雾的场面给表现了出来。

张石川见一切都达到了他预料的效果，不觉大为满意。

《火烧红莲寺》投入到市场后，电影里那些匪夷所思的场面一下子就吸引住了观众的眼球，人人都想一睹为快。拷贝卖到北京、南京等地，也是一样的火爆。明星公司因此扭亏为盈。

这样一来，目光敏锐的张石川看到了武侠片的前景不可限量，决定继续开拍续集。张石川又当编剧，又当导演，准备一集集地拍下去。

胡蝶在《火烧红莲寺》第一集中并没有担任角色，但从第二集开始，张石川巧妙地为她加了一个女主人公，也就是说，他专门为胡蝶设计了一个新角色——红姑。

张石川为了使故事情节更加吸引人，从第二集开始，《火烧红莲寺》就远离了那种小打小闹的农村械斗模式，而是重在展现武林高手玄幻斗法的场面——从红莲寺跑出来的淫僧知园和尚投奔怪人甘瘤子，商议复仇的大计，而幕后的昆仑派高人金罗汉走出了前场，甘联珠和红姑也双双行走江湖，其中红姑更有一种仙家道骨之风，她的武功尤其显得出神入化。在这场武林争霸中，各大门派的高超武功让人看得热血沸腾。

胡蝶饰演的红姑是一个沉稳的侠女，这一点和胡蝶的性格颇为相似，但是从来只演那种才子佳人戏的胡蝶第一次“闯荡江湖”，心里多少有些紧张。

因为侠女经常要表现那种御风而行的高超武功，所以胡蝶常常要在“空中行走”。这对于当时的演员来讲，是带有一定的风险性的。为了拍摄出这样的效果，通常要在演员的腰上缠上钢丝，然后把那根钢丝从吊在屋顶上的滑轮里穿过去，旁边再用力一拉，演员就“腾云驾雾”了起来。

火烧红莲寺剧照

自从接拍《火烧红莲寺》后，胡蝶每天都要在高空中“作业”，她心里紧张得要死，但脸上还必须做出那种轻松微笑的大侠风范来。一场戏拍下来，胡蝶往往是汗流浃背。每天从摄影棚里出来后，她几乎连路都走不动了。

胡蝶把红姑当成了挑战自我的一次机会。胡蝶没有辜负张石川的重望，当《火烧红莲寺》的第二、三集推出来后，果然是一集比一集火爆。观众如潮水一样涌向影剧院，争相目睹他们心目中的胡蝶女侠。

红姑几乎是在一夜之间红遍了大江南北。

令人不可思议的是：《火烧红莲寺》一共拍了十八集。

张石川见胡蝶的号召力越来越大，便审时度势地加大了胡蝶在影片中的戏份，胡蝶亦毫无怨言地饰演着红姑的全新形象。

随着续集中胡蝶的戏份不断加大，胡蝶每天都要拍很多戏，摄影棚成了她生活中重要的组成部分。胡蝶发现自己对待演戏的那份冲动和兴奋，就像写书的人面对稿约、唱京剧的面对舞台一样有着难以割舍的一份依恋。

拍戏，已经融进了她的身体、融进了她的血液、融进她的骨子中去了。她的生命属于摄影棚，她似乎是为电影而生的——只要她一走进摄影棚，只要她一面对摄影机，她身上的那种疲倦就消失得无影无踪，她整个人就立马显得兴奋无比，并且能够在最短的时间内调整好自己的心态，进入剧中的角色。

《歌女红牡丹》

《歌女红牡丹》是中国的第一部有声电影，诞生于1931年。

为了拍好这部影片，明星公司投入了巨大的人力和财力。它由洪深任编剧，张石川任导演，该片的女主角则由当之无愧的胡蝶担任。

电影自19世纪末诞生到20世纪20年代中期一直处于默片时代，也就是同现在我们所说的哑剧一样，有影无声，剧情中一些少不了的对白则由字幕来表示。

1926年12月，上海的新中央大戏院利用美国的先进设备放映了若干种美国的有声影片。紧跟着，上海各大影剧院均改装了先进的放映设备，他们所放映的有声电影，都来自于美国的好莱坞。

明星公司的张石川认为在竞争激烈的中国电影界，一定也有人在偷偷地拍摄有声片。为了早日让《歌女红牡丹》与观众见面，张石川没日没夜地泡在摄影棚里，力求拍出中国第一部有声电影来。

其时公司上下都知道这部电影关系到明星的前途，大家自然不敢怠慢。当然，其中最为辛苦的要数胡蝶了，她作为该片第一女主角更是早出晚归，成天都在摄影棚里度过。

当时的有声片，分为蜡盘发音和片上发音两种：前者其实就是给影片配上特制同步唱机，将片中的对话及背景声音码录制在蜡盘唱片上，放映影片时与唱片一起放，此种方法制作设备较简单，费用也很低，缺点是音画容易脱节；后者则是利用声光转换原理，将音频信号转化为光信号，印在电影胶片右边一行声带上，但技术复杂，设备昂贵。

明星第一次试拍有声片，为了减低风险，采用的是制作费用较低的蜡盘发音的方式，因此影片《红牡丹》在后期录音过程中碰到了很大的困难。

演员们以前演的都是默片，从未受过台词的训练，第一次拍有声片为影片配音，虽然事前已将对白背熟，并请人专门教授国语，尽可能做到字正腔圆，但到真正录音时，所有的演员都不免十分紧张，结果，不是念错，就是念得太快或者太慢了，和银幕上的口型对不上。如此反复试验多次，才得以成功。

影片《红牡丹》中还穿插了戏剧演员红牡丹演出《穆柯寨》《玉堂春》《四郎探母》和《拿高登》四出京剧的片断，这是整部影片的精彩部分。此前电影中的戏剧片断因为无声所限，多是表现做功的武戏，此次则是首次在银幕上展现唱功。配音时，直接从梅兰芳的原唱片中转录。公映时，观众不知此内幕，以为是胡蝶亲唱，对胡蝶又多了几

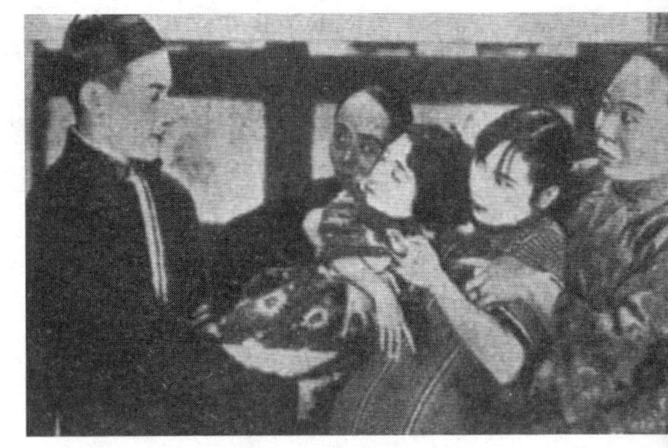

胡蝶 1931 年主演中国第一部有声电影《歌女红牡丹》。

胡蝶（左）与周剑云在《歌女红牡丹》中串演京剧《四郎探母》。

份敬佩。

1931 年 3 月 15 日，耗资 12 万、历时半年方成的《歌女红牡丹》公映于上海新光大戏院，“明星”又一次让中国影坛为之轰动；后在全国各大城市上映，也备受欢迎，还引来南洋片商以高出默片 10 倍的价格买下在南洋的放映权。

《歌女红牡丹》标志着有声电影时代的到来，尽管默片时代与有声时代的交接在中国经历了一个较长的时期——甚至真正意义上的默片精品正是在这个时期诞生的——但有声电影作为中国电影未来发展的方向，正是从此开始的。

胡蝶继掀起古装片热潮、武侠神怪片热潮之后，又幸运地成为中国第一位有声电影的女主角。

电影皇后

1933 年，一份刊发电影消息的《电影明星》报为了扩大销路，发起了“电影皇后”的评选活动，每天刊出候选影星的选票数量。

评选活动得到了无数影迷的热烈支持，活动历时了几个月之久，最后胡蝶以 21334 票当选为中国的首位电影皇后。

选票揭晓后，原来准备要单独举行一次盛大的“电影皇后加冕典礼”，因胡蝶本人一再谦辞，只好将加冕典礼和“航空救国游艺茶舞大会”结合在一起进行。由此也可以看出胡蝶为人内敛谦和的一面。

“航空救国”自然要比“电影皇后加冕”来得光明正大有意义。借着这样的名头，颁奖舞会上冠盖云集，既有吴铁城、杨虎、潘公展这样的政界要人，也有杜月笙、虞洽卿这样的商界大佬，论规格不在后世任何一次选美之下。授予胡蝶的证书上，一篇授奖辞写得骈四骊六，内中更有“女士名标螭首，身占鳌头，倏如上界之仙，合受人间之颂”的词句。

大会于 3 月 28 日下午 2 时在静安寺路大沪跳舞场举行。由于事关“救国”，“大沪”的经理免费出借会场并免费供应茶点。届时会场门口悬挂着“庆贺胡蝶女士当选电影皇后，航空救国游艺茶舞会”的横幅，场内摆满了各界赠送的大小花篮两百多只。不到两点钟，门外车水马龙，门内人如潮涌，于是工部局派来了多名巡捕在会场门口维持秩序，救火会出动救火车一辆预防意外。

民国时期，著名影星胡蝶为力士香皂做的明星广告。2009 年 2 月 8 日，南京图书馆《朝花夕拾：老商标 · 老广告 · 老字号》大型民国商标广告展展品。

民国，胡蝶代言的“力士香皂”广告（正面）。

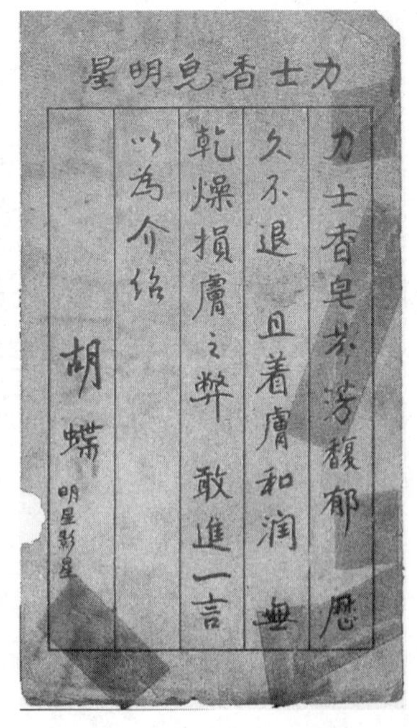

力士香皂明星

力士香皂芬芳馥郁歷久不退 且着膚和潤無乾燥損膚之弊 敢進一言以為介绍

胡蝶
明星影星

民国，胡蝶代言的“力士香皂”广告（背面）。

由于胡蝶自称身体不适，所以5时才到会。

当新诞生的电影皇后终于在台上出现时，会场上立即出现了一个高潮。

几位社会名流致贺词之后，大会即将“电影皇后证书”当场授与胡蝶。

……

当时社会上的一些政要闻人不免对这位娇艳的影后趋之若鹜，对于这些人，胡蝶哪里得罪得起，自然少不了一些社交上的应酬。

胡蝶与这些政界要人在社交场合上打交道，本来只是逢场作戏而已。但是这个杨虎却不同，杨虎时任上海警备司令，他的老婆林芷茗是胡蝶的小学同学，第一闺蜜，若论感情的话，两人之间比她和徐筠倩的感情还要好。这一次胡蝶有幸荣登影后的宝座，她当然要请昔日的小姐妹来聚一聚了。

“瑞华，你真了不起，现在成了中国的电影皇后了，我们一帮同学中，数你最有出息了。”林芷茗兴奋地拉着胡蝶的手说。

“与你这位司令太太相比，我可是差远了。”胡蝶半真半假地说。

“在上海，有什么需要帮忙的话，尽管说。”林芷茗的话语中透着那种夫贵妻荣的骄傲。

1933年是胡蝶的丰收年。

“影后”的当选，胡蝶在影坛上的辉煌时代由此真正开始。

就在这一年，英商中国肥皂公司也发起了一次“力士香皂电影明星竞选”，结果，胡蝶又是位列第一。

第二年，胡蝶在中国福新烟草公司发起的“1934年中国电影皇后竞选”中，再次当选影后。

由于胡蝶在两年之内“三连冠”，从那以后，人们便对胡蝶以“老牌皇后”称之。

在上世纪二三十年代的中国电影史上，无论怎么说，胡蝶都有着别人难以替代的位置。她所扮演的电影角色已经深入人心，从中国影坛掀起的第一个热潮——古装片开始，到武侠片，再到有声片，胡蝶无一不是首创者之一；而且在这些热潮中，最有代表性且深入人心的作品也大多由她来主演，如《火烧红莲寺》《歌女红牡丹》《自由之花》《空谷兰》等。这些影片大都制作精良，故事动人，票房绩佳，正是由于这些原因，胡蝶才能够得到观众的如此喜爱。

《姊妹花》

1934年初的时候，明星公司的郑正秋编剧并执导了他一生中最为得意的影片《姊妹花》。

这部影片中的主角由胡蝶来扮演大宝和二宝这一对孪生姐妹。

这两个角色对胡蝶来说是一个莫大的挑战，这二人容貌酷似，但是各自的生活经历使得她们的性格又截然不同。胡蝶自从影以来，已经演惯各种正面人物，从大家闺秀到穷苦出身的丫头都演得得心应手。但是，二宝这个角色却是一个有着多重性格的女人，她的本质并不坏，却自幼在恶劣的环境中长大，最后环境的改变使得她成为一个坏品质的姨太太。这个姨太太表面上骄奢阔绰，内心却又充满自卑和屈辱，这种环境里铸就了她性格上的蛮横刻毒。

面对这种难度极大的角色，胡蝶感到一种从未有过的压力。这时的胡蝶已经是电影界的名人，一旦这个角色把握不到位的话，无疑将使她的声誉受损。

胡蝶在郑正秋的悉心指导下，终于成功地演活了二宝这个角色。

《姊妹花》可以说是胡蝶在表演事业上的巅峰之作。

《姊妹花》讲的是这样一个动人的故事：

在中国南方的一个海边渔村，有位游手好闲不务正业的赵大，因贩卖洋枪吃官司，被送进了监狱。她的妻子生下了一对孪生姐妹大宝

民国，由胡蝶主演的电影《姊妹花》剧照。

民国，由胡蝶主演的电影《姊妹花》剧照。她在剧中同时饰演贫寒的大宝（左）和富有的二宝（右）。

和二宝。

不久，赵大拖着一身病出狱回家，妻子想方设法把他伺候好了，他却又要离家去上海搞走私，妻子拦不住他，赌气让他连孩子也带走。赵大考虑了一下，说：

“好吧，我就带二室走，二宝长得好看，将来有出息。”

其实两姐妹长得是一般的好看，只因大宝脸上生了几处疖肿，才使二宝显得更漂亮一些。

赵大带着二宝一走就是10多年，杳无音讯。

转眼到了民国十三年（1924年），大宝跟随母亲已在农村长大成人，嫁给了善良忠厚的村民桃哥，小两口相亲相爱。不久大宝怀孕了，日子过得虽很贫苦，却也苦中有乐。可是地方上闹起了土匪，一片混乱，乡民纷纷离家逃难，桃哥和大宝带着母亲随邻居李大哥逃到了山东。大宝生下孩子不久，母亲又生病了，桃哥只得在外拼命地干活以养家糊口，直累得吐血，大宝痛心不已。

再说二宝跟随赵大长大，赵大将漂亮的女儿送给山东军阀钱督办，改名赵剑英，当上了钱督办的七姨太，一时很是得宠。赵大因女儿的关系，当上了军法处长。

二宝也生下了一个孩子，正在到处找好的奶妈。大宝得知钱公馆招奶妈，为了减轻桃哥的负担，决定前去应选。到钱公馆后，大宝首先接受奶水检验，居然跟七姨太的奶水一样，于是当上了二宝孩子的奶妈，而自己的孩子只能留给母亲照看。

大宝和二宝这对孪生姐妹分离10多年后相见却不相识，一个是高高在上的阔姨太，一个是出卖奶水的下人奶妈，差异何等大。

桃哥伤病未愈就到建筑工地去干活，不幸从脚手架上跌下，摔成重伤，急需钱治疗，大宝只得去向二宝预支一个月的工钱。二宝正要出去打牌，听大宝说要借钱，立刻一口回绝，大宝苦苦相求，二宝勃然大怒，抬手打了大宝一记耳光就走了。大宝万般无奈，为了救桃哥的命，违心地偷了挂在二宝孩子脖子上的金锁片，哪知恰好被钱督办的妹妹撞见，慌乱中大宝失手碰落柜顶的一只大花瓶，正好砸在督办妹妹的头上，竟将她砸死了。

大宝被关进了监狱，可怜她的母亲，好不容易才打听到大宝被关押的地方，但可恶的看守见她是个穷老太婆，怎么也不让她探望女儿，正当她在监狱门外苦苦哀求的时候，军法处长的汽车来了，眼见处长下了车，她不顾一切地扑上前哀求，四目相对，两人意外地认出了对方，这军法处长正是赵大。

赵大害怕事情张扬出去与他不利，只得请来二宝，让她们母女姐妹相会，二宝真不愿相信这一切都是真的，大宝心中则充满了痛苦与愤恨，但伟大的亲情还是立即融合在她们中间，母女姐妹终于相认。

二宝决定要救姐姐，于是带着母亲和大宝，坐着小轿车迅速驶去。

片中最主要的角色是大宝和二宝这一对孪生姐妹，郑正秋选择了胡蝶一人来饰演这两个容貌相似、性格经历截然不同的角色。

虽说一个人同饰两个角色对胡蝶来说已不是头一回，在《啼笑因缘》一片中，她就同时饰演了沈凤喜和何丽娜两角，而且性格也颇不同，不过那毕竟是两个正面人物，虽然在性格经历上有种种差异，但心地善良却是相似的。胡蝶从影以来，已演惯了各色正面人物，从大家闺秀到穷苦丫环都得心应手，然对二宝这个本质并不坏却自幼在恶劣的环境中长大、又当上官僚姨太太的这个角色，不免觉得难以把握。

姨太太表面上的那种骄奢阔绰，内心的自卑屈辱，铸就了她在性格上的蛮横刻薄，要表现得恰如其分、入木三分的确不易，稍有不慎，就会成为流于形式的脸谱化的人物。

这个角色是对胡蝶的挑战，若演不好，将会累及“影后”的声誉；但若演好了，无疑是锦上添花。胡蝶接受了这一挑战，在郑正秋的悉心指导和自己的反复揣摩之下，终于为中国电影史留下了大宝、二宝这两个著名的银幕形象。

1934 年，影片《再生花》宣传海报。明星影片公司出品，郑正秋编导，胡蝶、宣景琳、郑小秋等演出。

郑正秋为导演《姊妹花》也可谓呕心沥血，他一贯以导片认真细致而著称，导演此片时，他的身体已极为虚弱，咯血的老毛病更加严重，但他仍是那样的兢兢业业，一丝不苟，终于完成了这部他一生中最为成功的影片。

《女儿经》剧照

1934 年春节，《姊妹花》公映于上海新光大戏院，上海为之轰动，观众趋之若鹜，创下了连映 60 余天的空前纪录。

《姊妹花》的成功也引起了影评界的热烈讨论，虽在影片的题材、思想、方法等问题上意见有分歧，却众口一词地把胡蝶的精湛演技视为影片成功的主要原因之一。

的确，《妹妹花》对于胡蝶而言，是她电影表演事业达到巅峰的标志。

在这一年中，胡蝶像一匹不知疲倦的马奔驰在电影的原野上，拍完《姊妹花》后，她又接着完成了《再生花》《女儿经》《白山黑水》与《空谷兰》等电影的拍摄。

《空谷兰》

早在 1925 年，张石川就导演了默片《空谷兰》，创下了空前的卖座纪录，成为张石川一段最美好的记忆。

到了 1934 年初，《空谷兰》的旧片重映仍是观者如云，这促使张石川起了将《空谷兰》摄成有声片的念头——凭着《空谷兰》曲折哀怨的故事情节，加上有声技术的运用，再让胡蝶来领衔主演，一定会造成新的轰动。

张石川主意已定，即付诸实施。

张石川亲自改编剧本，情节与立意与原来的默片有所不同，它讲的是这样一个故事：

在北代战争中，纪兰荪和陶时介这两位誓为主义而奋斗的青年并肩作战，陶时介战死沙场，临终时嘱托纪兰荪代他回去看望他的老父弱妹，并转交他的遗物，纪兰荪含泪答允。

战后，纪兰苏前往陶家，陶父痛子情深，纪兰荪不忍就此离去，乃留下小住以慰陶父。陶时介的妹妹纫珠美丽善良，纪兰荪与她相处渐久，致萌爱心，且两情融洽，竟致订婚。

而纪兰荪不知，他的母亲已为他选择了表妹柔云，且柔云早已以未来的纪家媳妇自居。当纪兰荪与纫珠订婚的消息传来，她们深为失望。

纪兰荪携纫珠返家并行婚礼后，纫珠很不习惯纪家豪华虚伪的生活，时有不愉快的事情发生，加之柔云的冷嘲热讽，纪兰荪对纫珠也产生了一些不满。

一年后，纫珠生下一子，取名良彦。而直至此时，柔云对纪兰荪仍穷追不舍。纫珠终于明白，她和纪兰荪出身不同决定了他俩的关系必定以悲剧告终。她决定离开这个不适合于她的环境，于是留书出走。

当天正好有一列火车出轨，罹难者中有一位极像纫珠。纪家以为纫珠已死，纪兰荪念及旧情，十分悲痛，而他的母亲与柔云却暗暗高兴，柔云向纪兰荪大献殷勤。

不久，由母亲作主，纪兰荪与柔云结婚。婚后柔云一改往昔温存，恢复了尖酸刻薄的本性。纪兰荪愤新念旧，十分痛苦。

为猎取社会地位，柔云创办了以自己名字命名的学校。此时，良彦也已到了上学的年龄，思子心切的纫珠更名李幽兰前往柔云学校任教，得与良彦相见。也许是天性使然，良彦对纫珠极为亲爱，但纫珠却不能与他相认。

因良彦的请求，纫珠以老师的身份来到纪家作客，却发现纪兰荪对亡妻“追念不已”和柔云虐待良彦的情景，心中痛苦万分。良彦突生重病，时时呼唤幽兰老师，纫珠乃朝夕在旁护理。

一天深夜，纫珠发现柔云竟残忍地欲加害良彦，紧急关头，纫珠说明了自己的身份，柔云羞愧嫉恨无地自容，自杀身亡。良彦康复后，纫珠自知此处非久留之地，乃悄然离去。

胡蝶在片中饰演的是女主角纫珠，一位外表美丽，意志坚强，极有爱心的知识女性。

在这部影片中，她经历了几度悲欢离合：丧兄之悲，初恋之欢，与丈夫爱子分离，重新相见而不能相认，再度分离，感情起伏很大，但胡蝶以她的美丽、聪明、老练，演得恰到好处。

张石川为导演此片花费了很多心血，且不惜工本，为了逼真地显出纪家的奢华，全片搭了 40 余台布景，仅纪家花园就搭了 12 台布景，这在当时可谓绝无仅有。

新版有声片《空谷兰》于 1935 年春节公映，观众果然兴趣极浓，争相观看，竟连映 40 余日，成为明星公司自《姊妹花》以后最为卖座的影片。

访欧之旅

1935 年初，苏联在莫斯科举行国际影展，胡蝶及其所在的明星公司和中国电影界接到了来自苏联的邀请。

这是中国电影界首次被正式邀请参加国际电影节，胡蝶是中国参展影片《姊妹花》和《空谷兰》的女主演，也是代表团中唯一的演员代表。

那是胡蝶展翅飞翔最美丽的日子，一丛桃花、柳浪闻莺，或是独自跳舞，她飞翔的微风安抚着那个年代的伤口，给人们的生活带来了安慰和欢欣。

由于受当时交通条件的限制，当胡蝶一行赶到莫斯科的时候，电影节早已降下了帷幕。但是作为中国的电影同行，苏联电影界仍然以同样的热情款待了胡蝶一行。

3 月 24 日为《姊妹花》的招待观摩日。

影片开映后，坐在观众席上的胡蝶有些紧张，虽说《姊妹花》在国内深为观众所喜爱，但在异国他乡，尤其是在这些外国行家面前，能得到他们艺术上的认同吗？胡蝶心中不免忐忑。

历时近两小时的放映终于结束了，放映厅内灯火复明，观众纷纷起立，向胡蝶热烈鼓掌。他们那真诚的掌声告诉胡蝶，尽管有语言障碍，他们还是看懂和接受了《姊妹花》。这种赞扬是发自内心的，胡蝶受到了热情的感染，紧张的心情也随之消去。

4 月 2 日，胡蝶一行赶回莫斯科出席《空谷兰》的首映式。

为了表示对远道而来的中国客人的敬意和欢迎，电影厅刻意装饰了一番，在一进门的大厅内，悬挂着用中文写就的大横幅：

“苏联的艺术创作人员向中国电影界工作人员致敬！”

沿扶梯两旁，挂满了明星公司男女演员的照片，胡蝶的大幅照片被放在了最显著的位置。

这天的来宾中有苏联外交部的官员、名导演普多夫金及数十位苏联演员，中国大使馆的官员亦前来观片。

开映前，胡蝶首先被介绍给来宾，鲜花和掌声再次令胡蝶开心不已。

映演结束后，照例举行了晚宴。名导演普多夫金举杯致词，赞美胡女士表演的技巧，并祝中国新兴的电影事业前途无疆。胡蝶起而作答，感谢宴会主人和各位来宾的盛意。

席间，私下交谈中作为一代名导演的普多夫金诚恳地向胡蝶指出了《空谷兰》的两点不足：一是对白太多，类乎讲演；二是镜头运用过于呆板。胡蝶觉得普氏不愧为行家里手，所言确实精当。

然而，就在这个时候，远在莫斯科的胡蝶却得到了一个让她悲恸的噩耗——那就是她的好友阮玲玉自杀身亡了！

一个悲剧天才在她人生最为辉煌的时候结束了自己的生命。她就这样匆匆地走了，走得没有一点预兆，那样的让人心痛。

胡蝶心里很清楚，在电影表演艺术方面，阮玲玉的造诣足可与她匹敌，尤其在默片时代，阮玲玉更是胜她一筹。她能够当上电影皇后，只是说明普通观众比较喜欢她而已，并不等于阮玲玉的演技比她差。

事实上，在胡蝶第一次当选为影后的时候，就有人私下为阮玲玉鸣不平。他们认为，阮玲玉和胡蝶相比，论仪容，胡蝶无阮玲玉之俏丽，阮玲玉不如胡蝶之端庄；论艺术，阮玲玉之表演生动活泼，作风浪漫；胡蝶的演技，规矩呆板，但态度大方；阮玲玉朴实，深刻，富于内心表情，但胡蝶善扮演佳人才子离合悲欢之故事，自有一种楚楚动人的风采。胡蝶之所以能够当选为影后，是因为她主演了不少才子佳人的角色的原因。

1935 年 3 月 17 日晚，梅兰芳（左）与胡蝶（右）出席苏联对外文协为他们举办的欢宴。

但是，外界的这些评论丝毫没有影响胡蝶和阮玲玉之间的关系，在生活上她们是无话不谈的朋友，而现在这位优秀的演员就这样悄无声息地走了，而自己竟然未能看她最后一眼。远在莫斯科的胡蝶，内心感到一种说不出的孤独。

阮玲玉的猝然去世让胡蝶感受到一种世事无常、人生如戏的沧桑，同她一起远赴莫斯科的周剑云夫妇见到胡蝶的情绪大受影响，免不了对她一番番的劝慰。一直过了好几天，胡蝶的心情才逐渐平静下来。

1935 年，上海电影界人士迎接胡蝶等访欧载誉归来。

接着，代表团带着参展影片继续远赴柏林、巴黎、罗马、伦敦等地进行考察、交流。胡蝶一行所到之处，均受到了西方同仁的广泛欢迎。欧洲人称胡蝶为“中国的葛利泰·嘉宝”。

作为中国电影界第一位出国访问

的演员，胡蝶的欧洲之行无疑获得了巨大的成功，她不仅让那些尚不知中国已经有自己的电影的西方人士见识了中国的电影，同时还让他们了解到了这个神秘的东方国度的传统文化。

1935年的6月中旬，胡蝶一行终于结束了欧洲电影之旅，启程回国。《电影皇后——胡蝶》一书对此做了如下生动描述——

载着胡蝶的“康脱罗梭”号邮轮航行在湛蓝色的地中海上，胡蝶伫立船舷，凭栏远眺，欧洲大陆渐渐地越退越远……

回首3个多月来的欧洲之旅，不由得思绪纷飞，感慨万千。“不虚此行”四个字是对她此时万千思绪的最好概括。

归途一路顺风，“康脱罗梭”号经苏伊士运河驶入红海，接着又驶入一望无际的印度洋。出访时，西伯利亚还是白雪皑皑，归来时，印度洋上已是夏日炎炎。

胡蝶没料到会迟至夏日才归，夏装没有带足，在欧洲时她添置了一些西式服装，这些洋装大多是敞领，免去了旗袍又硬又高的领子，顿觉舒服不少。在漫长而炎热的归途中，胡蝶大多穿着这些洋装，清晨或傍晚，漫步在甲板上，海浪击舷，海风拍面，说不出的心情舒畅。

半个多月后，邮轮靠上了新加坡的码头，将在此停留数小时。胡蝶一行准备上岸观光。未上岸时已见码头上挤满了接客的人群，他们正是来迎接胡蝶的，其中有影片商人、新闻记者和许多影迷。

新加坡居民中有2/3以上是华人，“明星”和“天一”等公司摄制的影片在此大受欢迎，影迷们都熟知胡蝶。报上早已预告胡蝶将旅经新加坡的消息，故在邮轮抵岸前，许多想一睹其芳容者都潮水般地涌向了码头。

胡蝶看到这么多人真诚地迎接她，不由得喜出望外。

影片商人们带领胡蝶一行乘车环游全城，星洲的风光令胡蝶心旷神怡，耳边听到的尽是华语，仿佛已置身国内。

船行21天后，终于在1935年7月4日凌晨抵达香港。

是日香港大雨滂沱，热心的影迷和新闻记者早已在深夜出动，引颈以待他们久仰的影后。但碍于港口警察深夜不办手续，无法登船，只得苦候于码头，衣履尽湿。直至晨7时，记者方才获准登船采访。

胡蝶见到落汤鸡似的记者，连声致歉："今天这么大雨，又劳各位等这么久，真是抱歉得很。"接着，任由记者拍了个够。

拍照完毕，胡蝶又一一回答了记者的提问，一直是笑容可掬，态度亲切。

在前往下榻的酒店沿途，均是欢迎胡蝶的影迷，道路为之壅塞，而倾盆大雨则将欢迎人员淋得不亦乐乎。胡蝶见此情景，深为感动。

当天下午，胡蝶及周剑云夫妇拜会了华裔英国贵族何东爵士。

何东乃香港巨商，对电影一贯很感兴趣，且与影界关系颇深，联华公司成立时，罗明佑将他请了出来，担任了联华董事长。上海一·二八事变时，阮玲玉一度躲避战火暂居香港，何东曾热情接待之，还认了阮玲玉做干女儿。如今胡蝶来访，何东很是高兴，众人不免又惋惜一番无冕影后阮玲玉。

在香港的两天中，各界宴请不断，规模最盛大的要数5日下午由省港澳电影界及华商总会主席黄广田等在香港大酒店所设茶会，来宾三百余皆华南一时俊彦，有教育巨子，有艺术闻人，有巨商缙绅，雅集之盛，为记者旅港六年来所仅见。

席间周剑云作出国考察报告，然而第二天香港各报皆弃周的报告不登，却集中对胡蝶个人进行了事无巨细的报道。

除了"港报满纸胡蝶飞"以外，另一个奇观就是7月4日胡蝶抵港这天，香港竟有17家影戏院同时重放胡蝶主演的影片，并纷纷邀胡蝶登台与观众见面，胡蝶分身乏术，只答应当晚赴中央戏院一家。该院放映的是《空谷兰》，因胡蝶将临，电影票早早销售一空。当夜幕降临时，中央戏院门前已是人满为患，警方不得不增派警力，秩序方得维持。胡蝶所到之处均为影迷所包围，人们纷纷递上照片、笔记本或者白纸一张请胡蝶签名，胡蝶则不厌其烦地在递过来的一切纸张上迅速签上芳名。此情景直让旁观者担心，若有好事者在胡蝶签过名的白纸上再加上"今欠某君港洋若干元"，胡蝶岂不要背上一笔无妄之债？

在港停留时间虽然仅仅两天，胡蝶却赢得了香港舆论的一致称赞：

"港中西各报，对胡蝶起居谈话均有巨幅登载，一般对胡蝶之仪态大方，姿容美丽，均有良好印象，至其待人诚恳，出言谦和，毫无女明星嚣张习气，尤为人所乐道。"

胡蝶之所以深得影迷喜爱，她在任何场合下对影迷的态度始终亲善恐怕也是一个重要的原因，欧游的风光并未使她谦和诚恳有丝毫减损，10年如一日，殊为不易。

7月5日傍晚，胡蝶一行搭乘"麦金兰总统"号轮，告别香港，驶往终点——上海。

在胡蝶出访期间，沪上报界关于她行踪的报道就一直没有中断过，影迷们对于她的欧洲之行甚为关注，她抵沪的日期、地点报上早就预告了。明星公司更是为胡蝶、周剑云的归来大造声势，并精心组织了隆重的欢迎仪式。

8日晨将是"麦金兰总统"号抵沪的时间，明星公司由张石川、郑正秋率同公司全体演员打着“欢迎明星电影公司经理周剑云先生伉俪暨胡蝶女士游欧返回”的横幅，一大早就等候在轮船将停靠的外滩江海关码头，胡蝶的父母、弟妹及恋人潘有声也都来码头迎接。在迎接的人群中更有数不清的影迷、新闻记者，沪上电影界的同行们也纷纷前来。百代公司还派出了铜管乐队。

远游归来的胡蝶心情格外激动，船过吴淞口，即伫立船舷，翘首远望，尚未靠岸，就已看到码头上前来迎接的黑压压的人群——“虽然离开上海只四个半月，但那种倦游归来，回到母亲怀抱的亲情油然而生。”……

亚洲影后

1946年秋天，胡蝶一家人从上海迁到了香港定居。

潘有声靠着在云南赚来的那笔钱，和胡蝶一起在香港开办了一家兴和洋行。潘有声很有商业头脑，他为他们的产品打上了“蝴蝶”的商标，加上胡蝶的知名度，洋行的生意红红火火，蒸蒸日上。

对潘有声的事业，胡蝶倾注了全力支持，没过多久，他们的产品就远销南洋各地。在相当长的一段时间里，胡蝶由一位高傲的影星变成了一位在生意场上游刃有余的商人。

但是，胡蝶在骨子里对电影还是一直难以忘怀，她一直梦想自己能够再次走向银幕。

1946年胡蝶抵港不久，一家新成立的电影公司引起了胡蝶的关注，这就是“大中华影业公司”。在这家公司里，有着多位胡蝶十分熟悉的人加盟，如张石川、周剑云等，而演员中的熟人就更多了，公司的规模较之香港当时的多家电影公司算是比较大的。

当“大中华”向胡蝶发出拍片邀请时，胡蝶不由怦然心动。尽管她早已明确地意识到自己难现昔日辉煌，但拍片的魅力又是那样令胡蝶难以抗拒，也就顾不得那么许多了，她愉快地接受了邀请。

潘有声知她“本性”难改，亦知她是因久不拍片，心痒难熬，拍片只是过过瘾，也就不加阻拦。

1946 年，胡蝶忙里偷闲，为“大中华”主演了《某夫人》和《春之梦》两片，但均未在影坛激起多大反响，胡蝶有些兴味索然，也就中止了在“大中华”的拍片。

1948 年 6 月，大中华公司因经济困难而倒闭。

这一年，胡蝶又为长城影业公司拍摄了《锦绣天堂》一片。此后，胡蝶第一次长时间地正式告别影坛，一心一意辅佐潘有声进行洋行的经营活动。

1949 年潘有声患肝癌逝世后，胡蝶停止拍片达 10 年之久。

香港电影在 50 年代获得了长足的发展，至 50 年代中期，已形成“国泰”、“邵氏”和“长城”三家电影公司鼎足而立的格局。而小公司则多至数百家。

整个 50 年代，香港影片的产量竟达 2100 余部，成为仅次于印度、美国、日本的世界第四大影片产地，且片种繁多，故事片中即有粤剧片、武打片、功夫片、宫闱片、家庭伦理片、爱情片等等，十分红火，并成就了一批著名的电影导演和演员。

影坛的热潮涌动让息影已达 10 年的胡蝶禁不住心驰神往，对胡蝶素有了解的邵氏公司适时地向胡蝶发出了重返银海的邀请。于是，“半是为了经济的原因，半是为了将自己的精神有所寄托”，胡蝶欣然应约，决定重返水银灯下。

作为过来之人的胡蝶见过多位昔日的影星息影多年后重新复出却闹得灰头土脸不欢而散的结局，她完全洞悉其原因盖出于这些影星未能摆正自己的位置。因此，在她作出返回影坛的决定时，就很聪明地放下了“影后”的架子。

我自己历尽沧桑，对于名利看得很淡泊，我只是认定自己是一个演员，尤其是电影这个行业，更是后浪推前浪，谁要把我的名字在海报上排在最末最小，我也无所谓，我只是为有人能超出我们这一代人感到高兴。

在现实的生活是这样，在舞台上也是这样，不能永远是主角，年纪大了，就要演适合于自己年龄身份的角色。我重新参加电影工作，就逐渐改演老年人的角色，老年人的戏很少是当主角的，当配角，戏不多，这是很自然的。[见《胡蝶回忆录》]

胡蝶以一颗平常心重返影坛，却在她年过半百之后，重新铸就了一段辉煌。1959年，她应邵氏公司之请重下银海，在香港、台湾先后拍摄了《街童》《两个女性》《后门》等片，其中以《后门》一片最为出色。

邵氏公司的起源可以追溯到邵醉翁兄弟1925年创办于上海的天一公司。胡蝶于1926年18岁时就加入了“天一”，至1928年退出，她为“天一”拍摄了多部影片，而“天一”也让她名扬影坛。对于“天一”，她一直怀有感激之情。1933年，“天一”始在香港设厂，后来整个公司都迁到了香港，并于1937年更名为南洋影片公司。至1950年，邵醉翁退出了影坛，其二弟邵邨人将公司改建为邵氏父子公司。而邵醉翁的三弟邵仁枚和六弟邵逸夫自1928年起即在南洋开辟市场，建立了庞大的发行网。1957年，邵逸夫亲抵香港，成立了邵氏兄弟（香港）有限公司，并逐渐取代了邵氏父子公司。后来，

1959年，影片《后门》宣传海报。邵氏公司出品，李翰祥导演、王月汀编剧，胡蝶、王引、李香君等演出。

邵氏公司在清水湾建立了东南亚规模最大的邵氏影城，加之其庞大的发行网，气势规模威震东南亚影坛。

胡蝶此番走入“邵氏”，距她当年退出“天一”，已过去了整整30年。公司的老板、导演和演员都已换了好几茬人，连公司的名字都已历经变更。“娘家”的变化如此之大，胡蝶再一次体会到了人世沧桑，越发感到自己甘做配角的心理准备是明智的，自己能在年过半百之后复登银幕已是万幸，哪能再计较其他。

> 《街童》和《两代女性》的拍摄，给了我一个很好的锻炼机会，而且自己在表演艺术上也有一些新体会……套句老话，艺海无涯，惟勤是岸。
>
> 六十年代电影的发展，观众的水准，乃至四五十年代涌现的导演、演员，他们的知识水准、演技都远远超过了二三十年代的那一代演员。要使观众对自己不失望，还能获得观众的承认，我仍需兢兢业业地努力去发掘自己的潜力，向新的演员学习。[见《胡蝶回忆录》]

这番话从一个资深演员，一个30年代的“影后”口中说出，足见胡蝶的胸襟还是相当开阔的。

不摆架子，不吃老本，不断地吸纳新的知识和技巧，使得胡蝶再一次抓住了成功的机会。她在影片《后门》中，以出色的演技倾倒了无数观众。

《后门》故事平淡，几乎没有什么戏剧性的情节。

影片描写的是在一家庭院的后门，经常坐着一个孤独忧伤的孩子，母父间的不睦使孩子的心灵饱受创伤，一对知识夫妇徐天鹤和徐太太收养了这个孩子。最后，他们又让这孩子回到了亲生父母的怀抱。

这是一部新的历史环境下的家庭伦理剧，剧情简单，人物也不多，表演难度大，但却以老牌影后的魅力和真情感动了观众。

胡蝶却认为,《后门》的成功首先要归功于导演李翰祥。

李翰祥导演《后门》时才30多岁，但已是知名导演。他生于1926年，辽宁锦州人，曾先后就学于北平国立艺术专科学校和上海市立剧校。1948年赴港，当过演员，50年代中期开始独立导片，并加盟邵氏公司。1958年他因执导《貂蝉》一片获得第五届亚洲影展最佳导演奖，翌年他导演的《江山美人》又获第六届亚洲影展最佳影片奖。

李翰祥执导《后门》对他说来是一次不小的挑战。首先，他是以擅导古装片而著名的，而《后门》描写的是当代人的生活；其次，《后门》不仅情节简单，而且男女主角都不是年轻人，一部没有年轻女主角的电影靠什么吸引观众的眼球？这种情况实属少见。

李翰祥选择了王引和胡蝶分饰男女主角徐先生和徐太太。

王引和胡蝶一样，也是30年代的著名影星，有“银幕铁汉”之誉。

《后门》于1959年下半年开拍，从导演到各位演员都明白这部影片的难度，因此，“导演格外严格，演员也分外用心”，整个拍摄过程，让胡蝶充分领略到了李翰样的导演风格：

> “他不但有广博的学识，和对艺术的灵视，他自己本身也是位优秀的演员，他是由演员转为导演的。他当导演不但向演员详细讲解剧情，一起分析人物性格，还常常是边说边比划，连细小的表情、细小的动作都不放过，直到他自己和演员都认为满意为止。”[见《胡蝶回忆录》]

1959年底，《后门》片成首映，观者无不为之动容，连男士们都淌下了感动的眼泪。此时正值《星岛虎报》发起济贫活动，邵氏公司遂决定将《后门》的首次公映作为义映，并举行隆重的首映式。

1960年初，义映在香港北角的皇都戏院举行，是日该戏院门口早就摆满了庆贺的花篮，晚8时许，观众潮水般地涌向戏院，戏院门前人头攒动，水泄不通。

9时半，邵氏公司的28位著名影星一齐登台，合唱一曲《后门》的插曲《天伦歌》，场面十分热闹。

而接下来放映《后门》时，兴高采烈的观众很快被电影的艺术魅力所感染，泪水溢出了他们的眼眶。

义映的场面也让胡蝶激动不已：

“虽说在我的一生中曾经历过很多激动人心的场面，但那是在我表演的高峰时期，而《后门》首映的盛况是在我离开银坛十年后，又是我所不敢奢望的，所以更难忘记。”[见《胡蝶回忆录》]

让胡蝶更高兴的事还在后面，1960年第七届亚洲影展在日本东京举行，《后门》被列为参展影片，胡蝶也前往东京出席了此次盛会。《后门》在此次影展上荣获最佳影片奖，而胡蝶则因主演该片而荣获最佳女主角奖。

胡蝶捧起了金灿灿、沉甸甸的奖杯，面对着众多的摄影记者，她的脸上露出了让无数影迷赞叹不已的迷人微笑——她仍然是那样端庄漂亮，且较之年轻时更多了份雍荣华贵。

她的内心也很不平静，这可是她从影30多年来第一次站到了国际电影节的领奖台上。

同年，该片再获日本文部大臣颁赠的最佳电影奖。

52岁的胡蝶奇迹般地跃登“亚洲影后”的宝座——实属世界影坛罕见的奇观。

胡蝶飞走了

1966年，胡蝶参加了《明月几时圆》《塔里的女人》两片拍摄之后，正式退出了影坛。

不久，60岁的她与54岁的地产商宋坤芳结婚。

宋坤芳早年因为迷恋胡蝶主演的影片时常逃学，后来弃学从影，又因胡蝶嫁了人而使他痛不欲生。在他准备投入黄浦江作为解脱时，突然萌发奇想："胡蝶身患疑症，无人能医，如果我掌握了高超医术，就定能妙手回春救她生命。"于是，他重新振作精神，赴日本投考仙台医科大学攻读西医，继而又拜著名汉医为师，因而精通中西医术，成为横滨的著名医生。他思念着胡蝶，一直没有娶妻成家。当从报上得知胡蝶痛失丈夫时，他毅然停业奔赴香港，要帮心仪的女人渡过难关。

宋坤芳是胡蝶的崇拜者，也是知音，这个结合原本是美事，怎奈宋坤芳陪胡蝶度过十年美满的生活后，便因病去世。已步入晚年的胡蝶再次孑然一身。

于是有人总结说，胡蝶是一个命硬的女人，她所爱过的和爱她的那些男人们都没有善终，不是身染恶疾，就是不幸罹难。

胡蝶退出影坛后的最初10年基本上是在台北度过的。其间孩子们长大成人了，都先后成了家——女儿女婿自香港去了美国；不久，儿子儿媳也去了加拿大。

远在异国他乡的儿女很不放心已步入老年的胡蝶独住台湾，多次催胡蝶前往北美同住，也好有个照应。胡蝶也想与孩子们团聚在一起，共享天伦之乐，但她又舍不得离开已住习惯了的生活环境和许多老朋友，再加上总听到从北美回台的朋友说起地广人疏的加拿大，虽环境优美，居民也很有教养，但每家每户相距都很远，要交个知心朋友实在不易，因而总也下不了决心离开台湾。

直到 1975 年胡蝶 67 岁时，才拗不过儿子儿媳的执着要求，来到加拿大温哥华与儿子儿媳生活在一起。

温哥华乃加拿大著名港城，市内古树参天，绿野遍地，风景秀美，气候宜人，犹如一座天然的大公园。胡蝶很快就喜欢上了这座城市。

儿子的家安在温哥华的远郊，环境幽静，空气清新，的确是个颐养天年的好地方。可就是白天儿子儿媳都上班，孙子也要上学，胡蝶只能一个人呆在空荡荡的家中。

于是，胡蝶决定搬到市区居住。“我也就像这里的很多老年人一样，搬出了儿子的家，在温哥华靠近英吉利海峡的一座二十多层高的公寓找了一套住房。”

胡蝶的新居位于这幢傍海而建的高层住宅的第 25 层，站在阳台上凭栏远眺，远处的青山郁郁葱葱，湛蓝色的大海上点缀着点点白帆，带着海洋气息的清风拂面；而从客厅的窗户向外望去，则是绿树掩映中的幢幢高楼，在纵横交错的街道上车辆川流不息，一派现代都市的风貌。

胡蝶居于此，既能饱览大自然的优美风光，又能享受到现代都市的种种便利。更让胡蝶感到高兴的是，这儿有直通温哥华中国城的公共汽车，在跨越好几个街区的唐人街，居住着成千上万的华人。胡蝶又可以生活在她的同胞中间了。

平日里，胡蝶与四位义结金兰的姐妹打打麻将，去“唐人街”听听乡音，她还以游客的身份漫游了青年时就十分仰慕的好莱坞影城，总算了却了一桩心愿。

老年的胡蝶对人生更有一种参悟，往日的荣华与屈辱都已成为过去，她要从昔日的影子里走出来，过一个恬淡宁静的普通人的生活。她甚至放弃了16岁以来一直跟随她一生的响亮的名字——胡蝶，而更名为潘宝娟，一个普通得不能再普通的名字——宝娟是她爸爸妈妈给她的乳名，以潘为姓则表达了她对亡夫潘有声的深深的怀念。

胡蝶的确过着极为普通的生活，她像大多数中国人一样，早睡早起，生活很有规律，天气晴朗的日子，她会去海边散步，随手洒下爆米花或花生米，惹得一大群鸽子和跳跃的松鼠一路与她相随，沐浴着阳光，倾听着海浪，为一群小生灵所包围的胡蝶心中一片宁静。

1986年，胡蝶开始考虑撰写回忆录。

转眼之间，时光飞逝，从跨入中华电影学校时的幼稚到在明星公司时的辉煌，其中倾注了多少堪称良师的电影界先辈拓荒者们的心血。而今郑正秋、张石川、洪深、程步高等等都已驾鹤西去，同辈的演员导演，大多已湮没于茫茫人海不知所终，亦有人历经劫难含冤去世，所幸还有多人和胡蝶一样正在安享晚年。

伴随着回忆录的撰写工作，胡蝶仿佛再一次走过了她的人生历程，对于自己过去的荣辱毁誉，胡蝶已处之泰然，心态是平静的。然而，每当她忆及旧时的好友、尤其是蒙冤而逝的阮玲玉、舒绣文以及曾受劫难的宣景琳、赵丹等人时，则流露出蕴藏在她心底的真挚的情感。

当然，在回忆录中，胡蝶谈论得最多的仍然是电影，除了记述她的从影历史和与此相关的人和事以外，她还总结了她对中国电影的许多卓具见识的看法，比如她认为“要演好一个角色，必须：（一）在摄影场要服从导演的指导，配合好；导演也有个情绪和灵感的问题，一破坏了可能再也捕捉不回来了。（二）了解剧中人，想好人物性格及表现方法。”

1986年8月底，胡蝶完成了长达20余万字的回忆录的口述撰写工作，年底，《胡蝶回忆录》率先在台湾出版。中国大陆出版界也迅速作出了反应，1987年8月，新华出版社即在大陆出版了该书。

回忆录的完成和出版，了却了胡蝶晚年的一大心愿。当胡蝶怀着欣喜的心情手捧油墨飘香的《胡蝶回忆录》的时候，又传来了新的喜讯——

台湾金马奖评奖委员会鉴于胡蝶一生对电影事业的杰出贡献，于1986年特别授予胡蝶金马奖。这对息影多年但仍魂系影坛的胡蝶来说，无疑是她晚年最大的安慰。

随着胡蝶年事渐高，她的儿子儿媳再也不放心她一人独住，于是，她又搬回了温哥华南郊与儿子同住。

1988年，胡蝶已整整80岁，但仍然“神清意爽，耳聪目明，且举止娴雅，步履矫健，看上去只有60多岁光景”。

然而，天有不测风云，1989年3月23日，胡蝶在外出途中不慎跌倒引发了中风。在此后的一个月中，胡蝶静卧于病榻，与病魔苦苦搏斗。4月23日下午，胡蝶的心脏停止了跳动。她安详地走完了人生的最后旅程，她留下的最后一句话是：“胡蝶要飞走了。”

胡蝶在半个世纪的电影生涯中，先后主演了百余部电影，饰演了旧中国的各类妇女形象。她的电影生涯和艺术成就构成了中国电影的独特篇章。

1995年12月，为纪念中国电影诞生90年，中国电影界隆重举行了庆典活动，并授予20名老演员以“电影世纪奖”，胡蝶赫然名列前茅。

尾声：天堂的游戏

胡蝶之所以能成为一个传奇，实际上已经超越了电影的范畴。她是一个懂得入世的美人，一个万人瞩目的公众人物、社交界的名媛。她和阮玲玉一样，身后留下了许多谜。

也许，世界需要一个谜，而人们无需知道得更多。

而胡蝶不正是这样的一个美丽的谜语么？

如今的我们只需知道一点就够了：那只蝶正在天堂里飞翔、游戏……

胡蝶是一个长寿的女人，从1908年到1989年，在她80多年的人生中，该经历了多少变数，有多少选择会是情非得已，有多少快乐背后隐藏着无奈和悲哀？作为当事人的胡蝶自己，在80岁的时候回忆起来，一生的往事犹如云彩彼此拥抱，再化为春雨婉转而清脆地敲击在玻璃窗上，发出好听的声响。

回顾胡蝶40年的银幕生涯，她饰演过娘姨、慈母、女教师、女演员、娼妓、舞女、阔小姐、劳动妇女、工厂女工等众多角色，她的气质富丽华贵、雅致脱俗，表演上跨度极大、自成一家。

在谈到阮玲玉时，胡蝶总是谦虚地说："论演技，我是不如阿阮的。"

的确，胡蝶的话也许并非完全是自谦，若论起演技，她可能不及"人戏合

胡蝶画像，20 世纪 30 年代中期的月份牌，画家陈石青绘制。

一”的阮玲玉。但胡蝶之所以能成为一个传奇，实际上已经超越了电影的范畴。她是一个懂得入世的美人，一个万人瞩目的公众人物、社交界的名媛，而并非阮玲玉那样“纯粹的演员”。

胡蝶的风情，是线条饱满的富丽与雍容。旗袍里满满地盛开着她丰盈的体态，肌肤里满满地透着凝脂的莹润。笑起来，是胡兰成形容的那种脸庞：绽开了满满的牡丹花。一对深深的酒窝也是盛了满满的酒意，荡漾着桃花潭水的气息，一代代人跌在她的妩媚里——凝视着她你就迷醉，那梨涡的深实在是酒不醉人人自醉。

胡蝶就是一朵开得满满的牡丹花，温柔敦厚与明艳夺目兼而有之。“淡极始知花更艳，愁多焉得玉无痕。”这是薛宝钗的自写。淡极更艳，那种艳敦敦厚厚地铺陈开来，就成了国色天香，比如宝钗，比如胡蝶。

在性格色彩上，胡蝶属于“绿色的外表”、“黄色的内心”：温顺与坚韧兼有，进取与坦然并重，理性与乖巧皆具。正如著名作家张恨水所言——

“胡蝶为人落落大方，一洗女儿之态。性格深沉，机警爽利，如与红楼人物相比拟，则十之五六若宝钗，十之二三若袭人，十之一二若晴雯。”

张恨水此言是很点睛的。胡蝶是那个年代的美丽代表，芙蓉如面柳如眉，而且是一个懂得入世的美人。

胡蝶的形象，符合中国人传统的美女标准。她面貌甜美，身材挺秀，好看的眼睛妩媚而又不风尘，举手投足中流动着一种传统的、委婉的端庄气质，在银幕上经常以雍容华贵的妇人形象出现，特别是她的“梨涡浅笑”，很适合东方人的审美心理。

她在着装打扮上又非常准确地演绎了三十年代上海中西合璧的精髓。人们很容易记住并喜欢她的容貌，而在当时为数不多的走出家庭的女子中，她的坚强与乐观、她的进取与坦然、她的理性与乖巧等等性格因素，更是容易让人们感受到她的明媚，分享她的灿烂。

然而，就是这样一位温柔敦厚，豁达大度的女人，最终仍难逃悲剧宿命，实在令人唏嘘、感慨……

一个开风气之先的女子，承接着整个社会的目光，我们可以想象她不可避免的一些是是非非。而身在乱世，谁也不能判断有什么样的磨难可能等在前面。事实上，胡蝶所遭遇的坎坷，远比普通人要多得多。

胡蝶的入世，就是如此真切地体现于她的直面现实。她应该是本能地领悟了女人如水般的天性，因而人们看到她总是微笑着，一生里足迹连起来就是一条溪水，一路迤逦，弯弯曲曲中裹挟着自我的光辉和才情，维系着她对事业、个性和生活的坚持。

她牢牢地抓住了身边的可触可感，清风明月而且一如既往。

胡蝶长着翅膀，只待稍有风吹草动，便干净利落地飞到空中，尽其可能去脱离险境。

她知道自己的渺小，飞到空中便好像没有了踪影，所以她老练世故，善于交际，合群而又善忘，凭借着柔软的身段与机智，她低调地找寻着与社会、与人群的水乳交融……

于此，我也就想，以我们今天的生存的悟性能否了悟这只蝶的生存法则呢？

如果一定要追根溯源，胡蝶的生存智慧跟她少年时期的经历也是有些关联的。

父亲胡少贡在胡蝶很小的时候就在京奉铁路线上当总稽查。在胡蝶16岁进入到上海务本女中读书之前，她一直随家人奔波在铁路线上。四处迁徙的生活使得幼年的胡蝶接触到各地的风土人情，在阅人历事中积累了一定人情世故的经验，也多少让她耳濡目染了生存对舍与得的要求，漂泊不定的住所，不断的放弃和远离，客观上是容易让一个人在得失取舍上就事务实的。

我们可以想象胡蝶的忐忑和如履薄冰。她要挡住多少掠夺的手和窥视的心呢？令人惊奇的是：灾祸、动荡的生活并没有让她变得极端或者僵硬无情。她也不是那种恃宠的女子，在电影里，她经常饰演富家小姐和贵妇人，生活中她却是做得了柴米夫妻，是一个愿跟普通、老实的商人过日子的妻子。息影后的她更是倾注了全力，辅佐潘有声经营以生产“蝴蝶牌”系列热水瓶为主的兴华洋行。

对于动荡中求生的人们，选择的合理或不合理也许只是一种矫情的奢侈。

胡蝶从不在想象中生活，她既是明星，又是千千万万的柴米妻子之一。她入世的时候一身光芒，出世时又能回归平凡，忍着委屈和风险去尽一份女性的义务。

所以，她能掌握住自己，一旦情形好转，她便又积聚起飞翔的力量。既往也就是过眼云烟了。

懂得追求也知道放弃，学会珍惜也能够遗忘，对一个弱势的女子，这是非常宝贵的一种生存能力和经验。由于胡蝶几乎是本能地乐观，加上明智的性格因素，幸与不幸，她都很容易将其看成一种常态。

博尔赫斯说他把世界看作一个谜。而这个谜之所以美丽就在于它的不可解。但是他认为世界需要一个谜，而人们无需知道得更多。

而胡蝶不正是这样的一个美丽的谜语么？

如今的我们只需知道一点就够了：那只蝶正在天堂里飞翔、游戏……

——蝴蝶飞，飞呀飞，阳光下在流泪，

你心痛，你心碎，蝴蝶那她为了谁，

爱在飞，恨在飞，告诉我其中美，

如果你恋着她，就让风儿做个媒，就让风儿做个媒。

借一双翅膀让我和你一起飞，是梦是醒还是你的美。

人生虽苦短，无怨也无悔，

花已开，情未了，是梦是醒还是你的美……

附录一：电影皇后胡蝶活动年谱

1908 年：出生于上海，祖籍广东鹤山。

1924 年：考入中国第一所电影演员学校“中华电影学校”，自取艺名“胡蝶”。

1925 年：出演影片《战功》《秋扇怨》，正式开始银幕表演生涯。

1928 年：出演中国最长的武侠系列片《火烧红莲寺》，在 2 至 18 集中饰演“红姑”。

1931 年：主演中国第一部有声片《歌女红牡丹》。

1932 年：主演《啼笑因缘》(共 6 集)，此片为中国首部彩色故事片。

1933 年：主演《姊妹花》，该片在上海新光大戏院创下连映 60 余天的空前纪录。同年，在《明星日报》举办观众评选“电影皇后”活动中名列第一。

1935 年：接受苏联官方指名邀请，随中国电影代表团参加莫斯科国际电影展览会。

1946 年：先后迁居香港、台湾。

1960 年：因《后门》一片中的表演而获第 7 届亚洲影展最佳女主角奖。

1975 年：移居加拿大温哥华。

1989 年：4 月 23 日，在温哥华病逝。

附录二：胡蝶从影40年所拍的重要影片

1925：《战功》《秋扇怨》；

1926：《夫妻之秘密》《电影女明星》《梁祝痛史》《义妖白蛇传（第一、二集）》《珍珠塔（上下集）》《孟姜女》《孙行者大战金钱豹》；

1927：《白蛇传（第三集）》《女律师》《新茶花》《铁扇公主》《蒋老五殉情记》；

1928：《大侠复仇记（前后集）》《女侦探离婚》《白云塔》《血泪黄花》；

1928—1931：《火烧红莲寺（二至十八集）》；

1929：《富人的生活》《爱人的血》《爸爸爱妈妈》；

1930：《桃花湖（前后集）》《碎琴楼》；

1931：《歌女红牡丹》《如此天堂（前后集）》《红泪影》《三箭之爱》《铁血青年》《银星幸运》；

1932：《落霞孤鹜》《战地历险记》《自由之花》《啼笑姻缘（一至六集）》；

1933：《满江红》《狂流》《脂粉市场》《盐潮》《姊妹花》《春水情波》；

1934：《三姐妹》《路柳墙花》《麦夫人》《女儿经》《美人心》《再生花》《空谷兰》；

1935：《夜来香》《兄弟行》《劫后桃花》；

1936：《女权》；

1937 :《永远的微笑》;

1938 :《胭脂泪》;

1940 :《绝代佳人》

1941 :《孔雀东南飞》;

1947 :《春之梦》《某夫人》;

1953 :《青春梦》;

1959 :《两代女性》《后门》《苦儿流浪记》《街童》;

1966 :《孤儿奇遇记》《塔里的女人》《明月几时圆》。

1928 年，影片《大侠复仇记》宣传海报。明星影片公司出品，张石川导演、郑正秋编剧，胡蝶、肖英、郑小秋等演出。

1929 年，影片《富人的生活》宣传海报。明星影片公司出品，程步高导演、张石川编剧，胡蝶、谭志远、朱飞等演出。

《脂粉市场》剧照

1930 年，影片《桃花湖》宣传海报。明星影片公司出品，郑正秋编导，胡蝶、郑小秋、王献斋、夏佩珍、蔡楚生等演出。

20世纪初期，上海著名电影演员胡蝶在电影《盐潮》中的剧照。

1936年，影片《兄弟行》宣传海报。明星影片公司出品，程步高导演、徐卓呆编剧，胡蝶、高占非、朱秋痕、舒绣文等演出。

电影《胭脂泪》(1938)，新华影业公司出品，国语版，改编自《神女》，吴永刚导演。胡蝶（右一）、章志直（左一）、黎铿（右二），谈瑛、梅熹主演。

1935年，影片《劫后桃花》宣传海报。明星影片公司出品，张石川导演、洪深编剧，胡蝶、舒绣文、龚稼农、高占非等演出。

1940年，影片《绝代佳人》宣传海报。华成影片公司出品，王次龙导演、胡春水编剧，胡蝶、王引、白茵、王乃东等演出。

参考文献

[1]《胡蝶回忆录》，胡蝶口述刘慧琴整理，新华出版社，1987。

[2]《我所知道的戴笠》，沈醉，载《文史资料选辑》，中华书局，1961。

[3]《民国女子》，叶细细著，广西师范大学出版社，2010。

[4]《电影皇后——胡蝶》，朱剑著，兰州大学出版社，1996。

[5]《胡蝶传奇》，张娜鑫著，时代文艺出版社，2003。

[6]《跟乐嘉学性格色彩》，乐嘉著，湖南文艺出版社，2011。